本专著得到广西高校人文社科重点研究基地——广西工业高质量发展研究中心资助

工业高质量发展研究
——广西的理论与实践

Research on High Quality Industrial Development
—Theory and Practice of Guangxi

关勇军　瞿　旻◎著

经济管理出版社
ECONOMY & MANAGEMENT PUBLISHING HOUSE

图书在版编目（CIP）数据

工业高质量发展研究：广西的理论与实践/关勇军，瞿旻著．—北京：经济管理出版社，2021.4
ISBN 978－7－5096－7913－5

Ⅰ.①工… Ⅱ.①关… ②瞿… Ⅲ.①工业发展—研究—广西 Ⅳ.①F427.67

中国版本图书馆 CIP 数据核字(2021)第 064454 号

组稿编辑：曹　靖
责任编辑：曹　靖　郭　飞
责任印制：黄章平
责任校对：陈　颖

出版发行：经济管理出版社
（北京市海淀区北蜂窝 8 号中雅大厦 A 座 11 层　100038）
网　　址：www.E－mp.com.cn
电　　话：（010）51915602
印　　刷：北京虎彩文化传播有限公司
经　　销：新华书店
开　　本：720mm×1000mm/16
印　　张：11
字　　数：150 千字
版　　次：2021 年 5 月第 1 版　　2021 年 5 月第 1 次印刷
书　　号：ISBN 978－7－5096－7913－5
定　　价：78.00 元

目　录

第一篇　广西工业高质量发展研究概述 …………………………………… 1

一、推动广西工业高质量发展的背景及意义 …………………………… 3

（一）推动广西工业高质量发展的背景 ………………………… 3

（二）推动广西工业高质量发展的意义 ………………………… 4

二、广西工业高质量发展的基础条件和存在的问题 …………………… 5

（一）基础条件 ……………………………………………………… 5

（二）广西工业实现高质量发展的存在问题 …………………… 6

（三）广西工业实现高质量发展的制约因素 …………………… 7

三、外省工业高质量发展的经验及借鉴 ………………………………… 9

（一）浙江省经验 …………………………………………………… 9

（二）安徽省经验 ………………………………………………… 11

（三）海南省经验 ………………………………………………… 12

（四）对广西的启示 ……………………………………………… 14

四、推动广西工业高质量发展的重要任务 …………………………… 16

（一）推动传统产业转型升级 …………………………………… 16

（二）大力培育发展重点新兴产业 ……………………………… 17

（三）推进制造服务型发展 ……………………………………… 18

五、推动广西工业高质量发展的关键路径 …… 19
（一）以科技创新引领工业高质量发展 …… 19
（二）以开放合作提升工业高质量发展 …… 20
（三）以绿色发展助力工业高质量发展 …… 22
（四）以两化融合助推工业高质量发展 …… 23
六、推动工业高质量发展的对策建议 …… 24
（一）把工业高质量发展放在应有高度 …… 24
（二）完善工业高质量发展的顶层设计 …… 24
（三）加强产业集群和工业园区的建设 …… 25
（四）在工业招商引资上实现新突破 …… 25
（五）解决工业产品销售的发展瓶颈 …… 26
（六）优化工业高质量发展营商环境 …… 27

第二篇　广西新能源汽车产业高质量发展问题研究 …… 31

一、广西新能源汽车高质量发展概述 …… 33
（一）新能源汽车高质量发展的内涵 …… 33
（二）广西新能源汽车高质量发展的外部环境 …… 35
（三）广西新能源汽车高质量发展的重要意义 …… 41
二、广西新能源汽车高质量发展的现状、机遇与挑战 …… 42
（一）广西新能源汽车技术创新的现状 …… 42
（二）广西新能源汽车商业模式创新的现状 …… 44
（三）广西新能源汽车产业政策创新的现状 …… 46
（四）广西新能源汽车高质量发展的机遇 …… 48
（五）广西新能源汽车高质量发展的挑战 …… 50
三、广西新能源汽车产业高质量发展中存在的问题 …… 52

（一）技术创新中存在的问题 …………………………………… 52
（二）商业模式创新中存在的问题 ……………………………… 54
（三）产业政策创新中存在的问题 ……………………………… 56
四、国内外新能源汽车高质量发展的经验借鉴 ……………………… 57
（一）技术创新的经验借鉴 ……………………………………… 57
（二）商业模式创新的经验借鉴 ………………………………… 61
（三）产业政策创新的经验借鉴 ………………………………… 63
五、广西新能源汽车产业高质量发展的对策 ………………………… 70
（一）加强广西新能源汽车高质量发展目标和总体思路 …… 70
（二）加强广西新能源汽车技术创新的对策 ……………………… 71
（三）加强广西新能源汽车商业模式创新的对策 ……………… 73
（四）加强广西新能源汽车产业政策创新的对策 ……………… 78
六、结束语 …………………………………………………………… 81

第三篇　创新驱动战略下柳州汽车产业东盟市场开拓策略研究 ……… 85

一、引言 ……………………………………………………………… 87
二、东盟汽车市场概况及创新驱动开拓策略 ………………………… 88
（一）东盟主要汽车生产国基本情况 …………………………… 88
（二）东盟汽车市场特点 ………………………………………… 89
（三）东盟汽车市场的机遇 ……………………………………… 91
（四）东盟汽车市场创新驱动开拓策略 ………………………… 93
三、柳州汽车产业东盟市场开拓的现状及基础条件 ………………… 94
（一）柳州汽车产业东盟市场开拓的现状 ……………………… 94
（二）柳州汽车产业东盟市场开拓的基础条件 ………………… 96
四、创新驱动发展战略下柳州汽车产业东盟市场开拓

存在的问题 …… 99
（一）技术创新方面存在的问题 …… 99
（二）商业模式创新存在的问题 …… 100
（三）扶持政策创新存在的问题 …… 101
五、国内外汽车产业东盟市场开拓的经验借鉴 …… 102
（一）日本东盟市场开拓的经验 …… 102
（二）国内汽车企业东盟市场开拓经验 …… 105
六、柳州汽车产业开拓东盟市场的创新驱动策略 …… 107
（一）技术创新方面的对策 …… 107
（二）商业模式创新方面的对策 …… 109
（三）政府扶持政策创新方面的对策 …… 110
七、结束语 …… 112

第四篇　柳州经济高质量发展路径研究 …… 117

一、研究背景及意义 …… 119
（一）研究背景 …… 119
（二）研究意义 …… 119
二、柳州经济高质量发展的内涵及路径选择概述 …… 120
（一）高质量发展的内涵 …… 120
（二）经济高质量发展的内涵 …… 120
（三）柳州经济高质量发展路径选择依据和总体思路 …… 121
三、柳州经济高质量发展路径选择的现实基础 …… 123
（一）柳州经济高质量发展的外部环境 …… 123
（二）柳州经济高质量发展的基础和优势 …… 124
四、先进地区经济高质量发展路径选择的经验借鉴 …… 126

（一）编制产业地图，构建产业发展生态圈 …………………… 126
（二）谋划布局新经济 ……………………………………………… 128
（三）优化产业环境 ………………………………………………… 130
五、柳州高质量发展路径一：以新型基建为突破口，赋能传统产业，培育新兴产业 …………………………………………… 131
（一）柳州市新型基础设施建设情况 ……………………………… 131
（二）柳州市新型基础设施建设中存在的问题 …………………… 133
（三）推进柳州市新型基础设施建设的对策 ……………………… 134
六、柳州高质量发展路径二：以创新驱动为主引擎，补齐资源短板，增强发展动能 …………………………………………… 135
（一）柳州技术创新能力的现状 …………………………………… 135
（二）柳州技术创新能力建设存在的问题 ………………………… 136
（三）加强柳州技术创新能力建设的对策 ………………………… 137
七、柳州高质量发展路径三：以融合发展为新抓手，推动产业协同，集聚发展潜能 …………………………………………… 139
（一）柳州产业融合的现状 ………………………………………… 139
（二）柳州产业融合中存在的问题 ………………………………… 140
（三）推动柳州市产业融合的对策 ………………………………… 141
八、柳州高质量发展的重要政策保障 ……………………………… 142
（一）加大对外开放合作力度 ……………………………………… 142
（二）争取自治区、国家层面的支持 ……………………………… 143
（三）加强队伍建设，强化人才支撑 ……………………………… 144

第五篇　协商发言及相关提案 …………………………………… 147

协商发言1：找准发展“瓶颈”　实现重点突破　奋力推动

我区工业高质量发展 …………………………………… 149
协商发言2：以工业东融推动柳州工业高质量发展 ……………… 153
协商发言3：关于促进广西新能源汽车产业发展的建议 ………… 158
协商发言4：关于确定推动广西经济高质量发展突破口的建议 … 162
提案1：关于进一步推动我国新能源汽车产业发展的建议 ……… 163
提案2：关于加快推进广西汽车产业开拓东盟市场的建议 ……… 166

第一篇　广西工业高质量发展研究概述①

① 本部分内容得到中国民主促进会广西壮族自治区委员会 2019 年重点课题资助。

党的十九大报告指出我国经济已由高速增长阶段转向高质量发展阶段，推动我国经济的高质量发展将成为当前和今后一个时期确定发展思路、制定经济政策、实施宏观调控的根本要求。这既是党中央对我国发展条件和发展阶段变化的重大判断，也是对做好当前和今后一个时期经济工作的总体要求。工业是强国之基，兴国之器，推动工业高质量发展是实现经济高质量发展的必由之路。

一、推动广西工业高质量发展的背景及意义

（一）推动广西工业高质量发展的背景

自党的十八大以来，在以习近平同志为核心的党中央坚强领导下，广西坚定不移地贯彻新发展理念，坚持走新型工业化道路，实施工业强桂战略，深入推进工业供给侧结构性改革，工业总量实现翻番，工业结构持续优化，工业园区实现全覆盖，两化融合水平居西部前列，产值超千亿元的工业产业达到10个，工业化进程进一步加快，达到了全国中等水平，为推动工业高质量发展奠定了良好基础。但必须看到，广西后发展欠发达的基本区情没有得到根本改变，工业总量偏小，排位徘徊不前；断层缺位严重，新旧动能接续乏力；结构性矛盾突出，产业发展不平衡；质量效益低，竞争能力弱；工业主导和开放创新意识不强，营商环境亟待优化等问题依然突出。2018年5月底，广西壮族自治区召开了全区工业高质量发展大会，鹿心社书记和陈武主席做了重要讲话，提出：到2020年，初步形成

工业高质量发展新体系；到 2025 年，广西工业高质量发展新体系更加完善，广西的工业发展总体达到全国中上水平。

（二）推动广西工业高质量发展的意义

1. 推动工业高质量发展，是广西稳增长的必然要求

发展过程中遇到的问题只有用发展的办法才能予以解决。只有通过推动高质量发展，实现要素充分流动和再配置，才能满足已经变化市场的需求，全面提升产业链和全要素生产率，才能有效地对冲要素成本上升，带来国民经济整体效率和效益的提高，最终推动广西经济持续健康和长期稳定发展。

2. 推动工业高质量发展，是形成产业转型升级倒逼机制的必然要求

近年来，受路径依赖、低端锁定、思维惯性和创新抑制等影响，广西转型升级步履蹒跚，困难重重。为改变这一状况，亟须寻求新的突破口和引领点来倒逼产业结构的转型升级。贯彻新发展理念，扎实推动经济高质量发展，为广西加快转型升级指明了方向、开出了“药方”。只有秉持高质量发展理念，充分立足自身优势，抢抓新一轮科技革命与产业变革新机遇，下决心淘汰落后、低端、过剩产能，加快发展新产业、新业态和新模式，从而在供需良性互动中引领广西产业结构朝着更加高级化、现代化的方向发展。

3. 推动工业高质量发展，是加快构建现代化经济体系的必然要求

当前，对标高质量发展以及现代化产业体系新要求，广西既有发展方面的短板和制约，也有现代化动力体系的缺陷与不足。只有引导和激励企业不断升级，推动发展由规模速度型向质量效益型转变，由成本、价格优势为主向以技术、标准、品牌、质量、服务为核心的综合优势转变，才能助力广西朝着构建现代化经济体系的正确方向稳步前行。

二、广西工业高质量发展的基础条件和存在的问题

（一）基础条件

1. 工业经济综合实力稳步提升，增速发展趋于稳定

广西工业发展由高速增长转向中高速增长，依然保持了稳中有进的发展态势，2013～2018年，工业总产值由2.01万亿元增加到2.79亿元，年均增长8.9%，但地区性差距有所拉大，与东部发达地区和重庆、四川、江西等中西部省份差距进一步扩大，与云南、贵州等西部省份的差距进一步缩小。面临着标兵越来越远，追兵越来越近的紧迫形势。自2013年以来，工业贡献质量和全社会带动能力稳步提升，工业拉动经济社会发展的主导作用和对经济增长的贡献率呈现稳中向好趋势。

2. 从工业园区来看，质量效益稳步提升，主导贡献作用突出

国家级开发区领跑园区发展，千亿元园区实现零突破。2018年，全区工业园区规模以上工业企业3310家，较2016年增长5.2%。增加值增长对全区工业增长的贡献率为70.8%。全区13个国家级开发区拥有规模以上工业企业692家，总产值较2016年增长15.8%，超千亿元园区达到3家。

3. 以重工业为主导，轻工业为辅，战略性新兴产业占比稳步提升

到2018年，轻重工业总产值比重为27.16∶72.84。高技术制造业增加值增长15.4%。2016年，广西战略性新兴产业规模以上工业增加值较2015年提高2.6个百分点。

4. 工业投资集中在传统产业领域，新兴产业领域投资较少

到2018年，工业投资6831亿元，较2016年增长6.66%；制造业投资5585亿元，较2016年增长7.66%，年均增长7.53%；更新改造投资4582.7亿元，较2016年增长1.2%。自2013年以来，医药工业投资年均下降25.77%，电力工业投资年均增长14.97%。

5. 企业规模发展壮大，战略性新兴产业企业快速增长

2018年，大中型企业总产值占全区工业总产值的比重达到65.7%，较2013年提高0.85个百分点。2016年，战略性新兴产业增加值增长28.1%，高于全区规模以上工业增加值提高20.6个百分点，对规模以上工业增长的贡献率为20.9%，拉动增长1.56个百分点。

（二）广西工业实现高质量发展的存在问题

1. 产业结构不优，且呈现“重工业更重，轻工业更轻”的发展特征

2019年，广西三次产业增加值占地区生产总值的比重分别为16.0%、33.3%和50.7%，对经济增长的贡献率分别为15.2%、32.5%和52.3%。广西三次产业结构比重为16.0∶33.3∶50.7，而广东三次产业结构比重为4.0∶40.5∶55.5，相比起来，广西的主要差距在第二产业比重过低。同时，在第二产业内部，广西2019年全区轻、重工业比重由2000年的“五五开”发展到“三七开”，依赖重工业的倾向比较明显，轻工业发展严重不足。轻工业内部结构也有“断层缺位”现象，主要集中在食品、造纸、纺织、建材等少数行业，高端服装、家用电器、智能手机、集成电路等高附加值轻工产业几乎空白。生产性服务业行业分布和发展也不均衡，如批发、交通运输仓储和邮政业等传统行业占比依然较高，现代服务业特别是金融业、电子商务等许多新兴业态虽然增长较快，但总量偏少，远小于传统行业。

2. 动能转换不优，产业升级步伐还不够快，新兴产业培育不足

近年来，广西高新技术产业有所发展，但增长幅度放缓，全年规模以上工业中，2017～2019 年，高技术制造业增加值的增长率分别为 15.4%、11.6%、4.0%；增加值占规模以上工业增加值比重偏小，2019 年仅为 6.74%，而广东这一比重为 30.0%，差距巨大。从总产值、企业数量、从业人员、主营业务收入等指标来看，也处于全国后列。广西在石墨稀、工业机器人、3D 打印设备、集成电路、光纤光缆等新行业新产品新领域的发展仍需加快。

3. 缺乏现代龙头带动示范型企业，民营企业发展严重滞后

2016 年，广西大中型企业数量在全国排第 13 位，主营业务收入在全国排第 18 位，利润总额在全国排第 17 位，利润率在全国排第 12 位，平均主营业务收入在全国排第 22 位。与全国及发达省份相比，广西民营经济欠发达、小微企业数量偏少，经济增长依赖大中型企业支撑。

4. 产业效率偏低，产业链条不长，产品价值不高

在全区 39 个工业行业中，占比居前十名的主要集中在汽车制造业、黑色金属冶炼及压延加工业、农副食品加工业等传统领域。在列入国家装备制造业的 180 种工业产品中，广西具有生产能力的仅 93 种。而国家大力提倡发展的先进装备制造业分量不足，只有汽车、计算机通信电子设备、电气机械及器材 3 个行业入围。

（三）广西工业实现高质量发展的制约因素

1. 发展环境不优，缺乏项目培育引进竞争力

全区工业发展生产要素成本偏高、政策优势并不明显、政务环境不优等问题突出，严重制约招商引资。工业用电成本过高，与周边省份相比，广西 220 千伏及以上大工业用电约为 0.55 元/千瓦时，贵州为 0.44 元/千

瓦时。工业用天然气门站价优势不明显，广西为1.91元/立方米，贵州为1.61元/立方米。同时，由于广西劳动密集型产业占比较大，“社保改税”之后的影响仍需高度关注。

2. 创新能力不强，缺乏高质量发展关键保障

工业发展研发投入强度弱、研发机构缺少等问题成为制约广西工业高质量发展的关键。2016年，全区规模以上工业企业R&D人员数量、R&D经费、R&D项目数量、R&D强度分别为19402人、82.72亿元、2664项、0.37%，在全国排第23位、第23位、第21位、第29位。拥有技术研发机构的大中型企业仅为118家，占全区大中型工业企业数量（1465家）的8.05%。

3. 人才支撑不足，缺乏高质量发展核心要素

根据《中国劳动统计年鉴》统计数据可知，截至2015年底，全区城镇单位制造业从业人员总数为76.21万，在全国排名第20位。根据自治区统计局统计数据可知，全区制造业实际从业人员数量约为160万，大量制造业从业人员分布在非城镇地区的中小微企业内部，人才分布十分分散，极大地影响了制造业人口规模集聚发展。

4. 专业支撑乏力，缺乏高质量发展基础支撑

广西工程领域学科建设仍不完善，存在门类不全、学科不强、布局不合理等多方面的问题，极大地制约了工业研发创新和高质量发展。根据教育部第四轮工学学科评估结果统计，国家划分的37个工学学科中，广西仅拥有13个，缺失24个。区内高校工程学科评估等级中，获评A类的没有，主要为B、B－、C、C＋、C－类，学科等级普遍较低。

三、外省工业高质量发展的经验及借鉴

（一）浙江省经验

1. 实施浙江制造品质提升工程

编制制造强省建设规划纲要，大力推进标准强省、质量强省、品牌强省，打响“浙江制造”品牌，积极创建制造业高质量发展国家级示范区。深化科技奖励制度改革，设立浙江工业大奖。主要措施：一是从2019年开始，开展块状特色经济提升行动和质量提升三年行动。构建开放、协同、高效的共性技术研发平台，创建30家以上省级产业创新服务综合体，培育发展数字安防、汽车、绿色石化、现代纺织等一批先进制造业集群。深化绍兴市传统产业改造提升试点。二是增强制造业技术创新能力。加快实施新一轮重大技术改造升级工程，2019年新增1.7万台工业机器人。三是加快推进企业优胜劣汰。2019年淘汰1000家产能落后的企业，整治1万家“低散乱”企业和小作坊。四是积极推进制度创新和政策落地。落实好国家政策，将固定资产加速折旧优惠政策扩大至全部制造业领域，将集成电路生产企业所得税优惠政策扩大至高端装备等行业。加快实施首台套产品和“浙江制造精品”首购制度。五是抓好三个深度融合。深入推动“互联网+”行动，着力构建“1+N”工业互联网平台体系，加快推动互联网、物联网、大数据、云计算、人工智能和实体经济深度融合。大力支持“民参军”，促进军民深度融合。推进先进制造业与现代服务业深度融合，制定实施服务业重点领域高质量发展行动，打响“浙江服务”品牌。

2. 全面实施“一强三高新十联动”科技新政

围绕创新强省目标，实施科技新政50条和人才新政33条，强化高新企业、高新技术、高新平台支撑，打造“产学研用金、才政介美云”十联动创业创新生态圈，加快建设“互联网+”、生命健康科技创新高地。设立浙江科技大奖。主要措施：一是加快培育高新企业。深入实施科技型企业双倍增计划，2019年新增2000家高新技术企业、6000家科技型中小微企业。二是加快发展高新技术。大力支持之江实验室、西湖大学、阿里巴巴达摩院等重量级研发机构建设，努力为国家解决关键核心技术“卡脖子”问题作出浙江贡献。三是加快建设高新平台。加快建设杭州、宁波温州国家自主创新示范区，打造科技城，联动推进杭州城西科创大走廊和钱塘江金融港湾建设，培育宁波甬江科创大走廊和G60科创走廊。

3. 深入实施数字经济“一号工程”

围绕“三区三中心”建设，全面实施数字经济五年倍增计划，积极推进数字产业化和产业数字化，深入实施宽带浙江、云上浙江、泛在浙江行动，支持杭州打造全国数字经济第一城，创建乌镇国家互联网创新发展综合试验区，率先开展5G商用，争创国家数字经济示范省。具体有三个抓手：一是“五个一百”。设立100亿元数字经济产业基金，打造100个“无人车间”“无人工厂”，扶持100个数字骨干企业，推进100个数字化重大项目，实施100个园区数字化改造。二是移动支付之省。尊重现金支付，推广移动支付和无现金支付，加快实现中心城市全覆盖、县级城市全覆盖。三是城市大脑。总结推广杭州、衢州的做法，推动城市大脑向公共服务、市场监管、社会管理、环境保护等领域拓展。各市县均全面实施数字经济“一号工程”，实现各有特色的差异化发展，共创新经济革命策源地。

（二）安徽省经验

1. 高标准推进合肥综合性国家科学中心建设

打造原始创新高地，培育具有国际竞争力的创新体系，增强合肥对安徽全域的辐射带动作用。目前，综合性国家科学中心只有三座，分别是上海张江综合性国家科学中心、合肥综合性国家科学中心、北京怀柔综合性国家科学中心。高标准推进合肥综合性国家科学中心建设，即整合所有相关资源和力量聚焦信息、能源、健康、环境四大领域，把合肥打造成世界一流重大科技基础设施集群地和世界一流交叉创新研究平台，提升国家科技体系基础平台的创新能力，提高合肥对安徽区域的辐射带动作用。

2. 加快构建先进制造业产业体系

安徽积极抢抓国家推进长三角更高质量一体化的重大战略部署，立足在科技、区位、产业、生态、能源资源等方面的优势，突出重点合作领域，积极承接沪苏浙高端制造环节，共同推进创新链和产业链深度融合，依托智能语音、集成电路、新能源汽车、工业机器人、智能家电、新型显示等优势领域，强化主导产业创新，培育一批具有国际影响力的先进制造业，在产业创新中提升安徽经济高质量发展，与沪苏浙共同推进长三角国际城市群建设，全力展现长三角更高质量一体化发展的“安徽蓝图”。

3. 加快打造区域特色现代服务业集群高地

一方面，依托长江水道和沿江高铁大通道，不断深化安徽东西双向开放，推动安徽与东西部互联互通，促进要素自由流动和市场深度融合，加快培养科技含量高、创新能力强的生产性服务业、金融服务业和科技中介等现代服务业；另一方面，充分利用自然资源和文化旅游资源，加大环境保护和治理力度，增强国际、国内来安徽旅游和投资的吸引力，着力把安徽建设成绿色生态宜居的长三角“后花园”，并打造一批国际级旅游品牌和目的地，共同建设一批有重大影响力的休闲健康、养生养老度假基地。

4. 坚定不移实现传统工业提质增效

通过深入实施供给侧结构改革，强化技术、能耗、环保、安全、质量等标准约束，综合运用差别电价、水价、排污费等经济手段，重点推进钢铁、煤炭、建材、有色、平板玻璃等领域化解过剩产能；同时，大力支持企业积极探索新的发展模式，改造传统创新链、供应链、产业链和价值链，推动传统产业数字化转型，大力发展智能制造和工业互联网等。

（三）海南省经验

1. 抓新旧动能转换

在海南建省办经济特区发展历程中，有过大起大落，其中有两次因房地产炒作引发。海南吸取历史经验，以壮士断腕的决心减少经济发展对房地产的依赖，海南省坚定推动经济结构调整升级，持续对房地产严加调控，以房地产调控倒逼经济发展转型。2019 年，全省生产总值增长 5.8%，剔除房地产业后增长 6.3%，服务业比重提高 0.6 个百分点、对经济增长的贡献达 75% 左右。2019 年，海南转方式、优结构、换动能取得显著进展，结果好于预期，具体表现为“四个优化”“四个提高”——产业结构优化：三次产业结构优化为 20.3∶20.7∶59。投资结构优化：固定资产投资占 GDP 比重下降 12.4 个百分点至 59.6%，非房地产投资占固定资产投资总量的比重为 58.4%，提高 6.9 个百分点。增长动力优化：固定资产投资占 GDP 比重从 2016 年的 92.4% 下降到 2018 年的 59.6%。消费结构优化：城镇和农村常住居民人均可支配收入增速均高于经济增速。与此同时，实现外向型经济活跃度提高、创新活力提高、环境质量提高、经济发展质量提高。

2. 抓基础设施升级

海南坚持“经济社会发展、基础设施先行”的路径，按照把海南岛作为一个大城市来规划建设和管理的理念，编制《海南自贸区（港）基础设施提质升级实施方案》，推动构建现代化基础设施网络体系，大力实施一批“五网”重大基础设施工程（光网、路网、电网、气网、水网），持续提高“五网”基础设施网络化、智能化水平。

3. 抓产业结构调整

海南传统产业有两大块，一是旅游业，二是热带农业。旅游业结构调整的方向是全域旅游，聚焦“点线面”创建全域旅游示范省，2019 年海南旅游总收入超千亿元，接待游客和旅游收入保持两位数增长。热带农业调整的方向是一二三产融合，以“美丽海南百镇千村”建设为抓手促进产业融合，做强做优热带特色高效农业，建设海南省国家农业绿色发展先行区。

4. 抓未来产业培育

海南在育种、深海科技、航天科技三个方面有其他省份所没有的独特区位优势。该省出台《关于支持三大科技城发展的措施》，大力推动了南繁、深海、航天三大科技城的建设，作为培育种业、深海、航天三个未来产业的载体。措施包括：一是财政政策倾斜扶持。将科技城对地方财力贡献省市分享部分按“前三年 80%、后两年 50%”，由省市财政安排用于支持科技城建设；科技城内土地出让和填海供地所产生的土地出让金省、市两级所得收入，在扣除成本及规定计提的专项资金后，全部留给所在市用于支持科技城建设。二是确保资金投入。省、市两级财政每年预算安排深海、南繁和航天三大科技城建设发展资金各 5 亿元，由科技城管委会统筹使用，其中，深海、南繁科技城由省、三亚市按 7∶3 分担，航天科技城由省、文昌市按 8∶2 分担。三是设立产业引导基金。研究设立市场化运作的南繁育种创投基金、省科技成果转化投资基金、军民融合产业投资基金等，扶持科技城产业发展；引导现有200亿元全省特色产业小镇发展基金向科技城投放。四是实行灵活用地政策。鼓励地块用途兼容和业态融合，新产业工业项目用地，生产服务、行政办公、生活服务设施建筑面积占项目总建筑面积比例不超过15%的，可仍按工业用途管理；科教用地可兼容研发与中试、科技服务设施与项目及生活性服务设施；出让兼容用途的土地，可按主用途确定供应方式。

（四）对广西的启示

1. 构建现代产业体系是实现高质量发展的重要抓手

从前述三省的经验来看，浙江、安徽和海南均突出构建现代制造业产业体系，推动产业的转型升级，进而推进经济的高质量发展。产业基础薄弱，优势产业支撑力不足是制约广西高质量发展的重要因素。广西应积极借鉴安徽与长三角共建产业合作平台的经验，积极借力粤港澳大湾区等先进区域，共建省际产业合作平台，积极承接产业转移，促进生产要素的双向流动。聚焦优势产业的培育，积极开展“集群式”招商，深化重点产业合作，推动产业链整体承接、集群式转移。积极开展“产业链”招商，围绕“建链、补链、延链、强链”等环节，有针对性地开展产业链招商。积极开展“标准地”招商。积极借鉴浙江大力培育数字产业，并依托这一优势产业实现新发展的经验，推动经济结构调整优化，大力推进新型工业化、信息化，促进新旧动能接续转换。做大、做强、做优工业，大力发展现代服务业，尤其是完善生产性服务体系，提高工业发展的服务支撑能力。加快传统产业信息化改造，强化科技和人才支撑，构建现代产业发展新体系。

2. 实施科技创新战略是实现高质量发展的重要支撑

浙江、安徽的经验表明，科技创新在培育新动能、推动经济高质量的地位更加重要、作用更加明显。科技自立自强是国家和地区发展的战略支撑，广西要紧紧抓住当前发展的新机遇，加强党对科技工作的集中统一领导，坚持把创新放在现代化建设全局中的核心地位。充分利用西部陆海新通道和粤港澳大湾区建设的战略机遇，发挥地处珠三角、北部湾和大西南三大经济圈交汇的独特区位优势，承接粤港澳大湾区等发达地区知识产权、人才、资金和成果等的产业转移、技术转化，全方位加强与东南亚国家和地区在交通、港口、园区、技术、人才、金融等方面的合作，在面向东盟开放和服务中谋求更大发展。当前，广西产业发展层次不高，产业结构性矛盾仍然存在，科技创新对经济发展的支撑不足，这就更需要广西在实施创新驱动发展战略中坚持科技创新与体制机制创新“双轮驱动”，统筹布局应用基础研究和关键核心技术攻关，构建起系统、完备、有活力的广西科技创新体系，激发调动广大科技人员和创新主体的积极性、创造性，加快走出一条从“人才强、科技强”到“产业强、经济强”的创新发展新路径。

3. 积极打造重大发展平台是实现高质量发展的重要突破点

安徽高标准推进合肥综合性国家科学中心建设，海南大力推动南繁、深海、航天这三大科技城建设，这是两省抢抓机遇、实现高质量发展的重要突破点。广西要注重借鉴这些经验，积极打造中国—东盟信息港平台等重大发展平台，通过平台实现数字产业大发展，大力发展云计算、大数据、人工智能、北斗卫星导航应用和前沿信息服务业等，形成数字产业链和产业集群；要通过平台推进产业数字化，着力推进农业数字化、工业数字化和服务业数字化。通过深入推进互联网、大数据、人工智能与实体经济深度融合，促进传统产业转型升级和新旧动能接续转换，激发传统产业新活力。通过深入实施创新驱动发展战略，实现经济发展质量变革、效率变革、动力变革。

四、推动广西工业高质量发展的重要任务

（一）推动传统产业转型升级

传统产业是广西工业的根基，加快推进传统产业改造升级，优化提升传统动能，是新旧动能转换的关键所在和广西工业高质量发展的主要路径。

1. 总体方向

围绕供给侧结构性改革主线，在去产能中减存量、优增量，研发新技术、开发新产品、开辟新市场。运用新技术和先进实用技术改造提升传统动能，实施制造业技改工程、机器换人工程，推动汽车等传统优势产业转型升级，着力打造具有竞争力的产业集群。在做大、做强原有体系的同时，培育新的增长点，振兴发展轻工业，着力填补消费品工业空白领域，提升农副产品就地精深加工能力，推动轻重工业协调发展。

2. 具体举措

一是深化“两化融合”带动传统产业转型升级。通过新旧产业融合渗透创造出全新的产业体系，完成转型升级任务。广西应注重互联网与传统产业的跨界融合，引导传统产业应用云计算、大数据等技术，创新营销模式，带动传统产业向智能化、数字化、网络化发展。

二是凝心聚力扶持企业，突出“技术改造创新”的核心作用。要将技术改造创新摆在突出位置，推动以供给侧结构性改革为核心的产业创新。

广西应鼓励优势支柱产业向价值链中高端延伸，培育新链条、新业态，实施技改工程、机器换人工程，提升优势产业的技术水平、产品创新能力。

三是创建产业特色小镇和现代园区，促进产业集聚发展。选取资源条件、产业基础优势区域试点示范，打造产业小镇和现代园区，主动承接产业转移，推动产业集聚发展。组建产业发展基金，引导特色优势产业集聚升级发展。

四是谋划实施技术改造项目，激发传统动能提升。围绕资源深度转化精准谋划、实施重点工业项目技术改造升级工程。鼓励企业加大技术改造、技术创新投入，在资源型产业链延伸上下功夫，提高资源精深加工比重。

（二）大力培育发展重点新兴产业

培育壮大新兴动能，是应对迎接新一轮科技革命和产业变革的战略选择，是推进供给侧结构性改革的现实需要，也是实现工业高质量发展的必由之路。

1. 总体方向

新兴产业是新动能的主要载体和主导力量，聚焦新兴产业创造新动能，既要培育发展前景广阔的新兴产业，也要化解落后产能、运用新技术改造提升传统产业，实现“老树发新枝”，促进社会生产力整体跃升。紧紧抓住新一代信息技术和互联网技术、数字智能制造等带来的新一轮产业革命契机，培育一批新兴产业集群，集中力量打造一批新兴产业专业平台和载体，夯实新兴产业基础，强化工业发展新动能。

2. 具体举措

一是建立完善新动能培育平台。加快技术创新平台建设，鼓励发展创新创业孵化平台，建立一批由龙头企业、中小企业、科研机构组成的产业技术创新联盟。

二是创新园区培育方式。选择一批具有产业基础优势的特色区域建设高新技术产业园区，打破传统的产业培育发展模式，加速形成产业链条，促进新兴产业发展。

三是创新产学研用新模式。借鉴浙江等省份产业技术研究院探索模式，尽快组建产业技术研究院，结合产业发展基础和发展需求，设置相关专业研究所。推行“合同科研”和“研发作为产业、技术作为商品”等模式，为企业提供委托合同科研、技术转移、检验检测、人才培训等技术服务，促进研究技术成果的转化和产业化。

（三）推进制造服务型发展

服务型制造是制造业转型升级的重要方向，也是贯彻实施制造强国战略的重要途径。对于广西而言，推动制造业以“产品生产”为中心向以“服务需求”为中心的转型有助于改善当前广西工业品供给状况，破解制造业面临的发展矛盾约束，提高工业企业竞争力和市场占有率。

1. 总体方向

加快推进服务型制造的创新发展，推动服务业与工业在更高水平上有机融合，促进产业向价值链高端提升。增强创新设计的引领作用，加快发展产品设计、系统设计、工艺流程设计、服务设计等，大规模推广定制化设计、用户参与设计、网络协同设计、云设计等服务模式。加快打造具有区域特色、东盟元素的工业设计产业发展平台。大力开展信息技术服务，促进工业互联网、云计算、大数据在企业研发设计、生产制造、销售服务等全流程的综合集成应用，提高产品在线服务、信息增值服务、网络化协同制造服务、系统集成服务等水平，鼓励发展在线定制及线上线下相结合等运营模式。提升现代物流服务，完善工业仓储、冷链物流体系，培育发展第三方大型物流，鼓励运输企业与大型制造企业加强协作。深化产融合作，提升本地区产业链、供应链和价值链的竞争力。

2. 具体举措

一是积极推动产业融合发展。不断完善一体化的产业政策体系，逐步消除服务业与制造业在税收等方面的政策差异。二是提高信息技术对制造业发展的支持能力。大力提升汽车、钢铁及机械等重点行业信息应用系统的方案设计与开发及系统综合集成的能力。三是加强制造业服务平台建设。建立物流、质量检验、检测、认证等信息化网络服务及生产性服务公共平台，搭建具有先进水平的大数据、云计算等服务外包产业平台。四是寻求重点突破的行业和模式。以挖掘客户需求为突破口，在汽车、钢铁及机械等重点行业实施服务型制造行动计划，不断创新服务型制造的本地化发展模式。

五、推动广西工业高质量发展的关键路径

（一）以科技创新引领工业高质量发展

1. 建设适合工业高质量发展的研发创新平台

围绕传统优势产业、战略性新兴产业，建设一批国家工程（技术）研究中心、国家工程实验室等，打造跨领域、协同化、网络化创新平台。探索建立军民融合股权合作机制，建设一批军民融合发展示范基地和公共服务平台，打通“军转民”“民参军”双向通道。引进一批国内知名工科院校和科研院所在南宁、桂林创建研发平台或产业化转化机构，加快提升工业高质量协同创新发展能力。

2. 企业创新主体地位

突出企业创新主体责任，支持企业承担各级科研项目，鼓励企业开展技术创新、商业模式创新和管理模式创新。推广以企业为主导的委托研发、组建联合实验室、技术转让、技术入股等多种合作模式，鼓励引导企业参与技术标准制定，开展技术并购和集成应用。鼓励企业与高校、科研院所、服务机构共建研发中心、实验室、中试基地、创新联盟等科技创新载体。

3. 共性关键关联技术和拥有自主知识产权核心技术攻关

打通产学研用利益共享通道，加快科研成果转化和产业化。努力突破一批重大关键技术，创建一批核心技术标准。运用高新技术和先进适用技术改造提升食品、汽车、机械、冶金、石化等传统优势产业，深化信息技术集成和机器换人应用，推动制造业向智能化转变，形成核心优势产品。以标志性的关键基础工艺、关键基础材料及核心基础零部件为突破口，在智能制造、石墨烯、高端装备、民族医药等领域实现共性关键技术突破。

（二）以开放合作提升工业高质量发展

1. 区域全方位合作

实施“南向北联东融西合”开放合作战略，以深度融入、精准对接粤港澳大湾区建设促进工业高质量发展，以柳州—佛山合作为模式，推进和带动更多的城市对口合作与对标发展。加强与东盟国家优势产能合作，加快推进中马“两国双园”、中越跨境经济合作区等建设，探索建设中国—东盟产业合作示范区。全面融入泛珠三角区域合作，深入落实省际合作协议，加强与周边省份要素合作，打造高铁经济带合作试验区，加快推进粤桂合作特别试验区、粤桂黔高铁经济带合作试验区（广西园）、云桂黔跨省扶贫合作产业园区等跨省产业合作园区建设，加速推进国际陆海贸易新通道建设。

2. 工业营商环境，实施产业链精准招商

深入推进“放管服”改革。建立重大工业项目招商引资和项目推进“一把手亲自抓、负总责”的工作机制，强化工业主管部门的招商职能。围绕“强龙头、补链条、聚集群”，坚持精准招商、以商招商、产业链招商。鼓励有条件的地方探索重资产招商，吸引龙头企业轻资产“拎包入住”。支持各地利用产业扶持资金、直接股权投资资金和各类基金，与重大招商项目开展股本合作、联合建设。

3. 提升工业园区开放发展水平

加快推进国家级经济技术开发区、高新技术开发区改革升级，着力提升国家级高新技术开发区技术创新能力，加强国际科技合作，集群式承接国外高新技术转移。推动园区特色化和集聚化发展，深化园区管理体制改革，实行“大园带小园”“园区＋基地”等模式，支持有条件的地区与贫困地区开展工业“飞地经济”合作，实行产值、税收等分成，助力贫困地区产业发展，建立工业园区分级管理考核评价体系。

4. 深化企业改革，大力发展民营经济

加快推进国有混合所有制改革，放开非公资本准入和允许退出。通过投资入股、联合投资、并购重组等方式，支持国有工业企业与央企和大型民企混合所有制改革。鼓励放开竞争性业务，对具有引领带动作用的行业企业，不设置国有股权比例限制。加快全面开展国有控股混合所有制企业员工持股试点。全面放开民营资本进入实体经济发展的行业和领域。支持民营企业“个转企、小升规、规改股、股上市”。

5. 加快县域工业升级发展

加强对县域工业园区规划的统一编制和统一管理，推动县域工业形成 2～3 个主导产业发展格局。培育发展工业大县，支持自治区重点县域工业园区和县域特色产业小镇建设。围绕县域农业资源，引进扶持农产品深加工龙头企业发展，建立“区域品牌带动企业、企业发展基地、基地辐射带动贫困户”的产业扶贫模式，实施工业扶贫计划，发挥工业扶贫在易地扶贫搬迁、贫困户就业中的重要作用，推动农民工就近就地创业就业，实现贫困地区和贫困人口持续稳定脱贫增收。

（三）以绿色发展助力工业高质量发展

1. 深入推进产业结构调整，构建绿色工业体系

采用现代生物技术、生态技术、节能技术等，推动传统优势绿色发展。使用新能源，引导园区建设分布式能源、智能微电网。推行企业循环式生产、园区循环式发展、产业循环式组合。实施生产过程清洁化改造，开展高耗能设备系统节能改造。落实能效标识制度和节能低碳产品认证制度，打造绿色低碳产品知名品牌。

2. 加快构建绿色制造业体系

推进节能减排、清洁生产、产品绿色化、企业绿色化、制造过程绿色化和循环经济发展，全面建设绿色低碳循环发展经济体系。在重点行业和重点领域推行产品生态设计，培育一批生态设计示范工厂和生态设计（绿色）产品。推动产业园区生态化改造，发展主导产业链型生态产业园区，布局建设一批绿色循环型工业园区。建立绿色产品、绿色工厂、绿色园区评价机制，制定分行业、分领域绿色评价指标和评估方法，持续开展绿色评价。

3. 金融机构创新产品，加大对绿色制造资金支持

探索开展用能权、用水权、排污权等交易试点。创新能效贷款、排污权等产品。鼓励金融机构建立支持工业绿色发展的信贷机制。建立企业绿色发展水平与企业信用等级评定联动机制。引导国内外各类金融机构参与

绿色制造体系建设，鼓励金融机构为企业绿色转型和低碳改造提供适用的金融信贷产品。

（四）以两化融合助推工业高质量发展

1. 以制造为重点，推广应用信息化技术

围绕机械、汽车、电子等重点制造领域的关键环节，实施“机器换人、设备换芯、生产换线”工程，加快研究、开发、推广、应用新一代智能制造技术，培育发展基于工业互联网的智能制造新模式，推进产业园区智慧化建设。大规模推广和全面应用数字化、网络化等信息化技术。鼓励制造企业充分运用成熟的先进技术，实现向更高的智能制造水平迈进。

2. 完善信息基础设施和安全体系，夯实两化融合保障能力

全面升级信息基础设施和信息安全网络保障体系，有效配置和优化完善网络资源，加快电信网、互联网、广播电视网基础设施数字化改造升级，扎实推进“三网融合”试点，建成各地区、各种类信息网络互联互通的骨干传输网。大力发展集数据、图像、声音等多种业务于一体的数字化、宽带化、综合化接入网。

3. 着力培育新一代信息技术产业，积极推动“桂企上云”

布局和发展下一代通信网络、物联网、三网融合、新型平板显示、高性能集成电路和高端软件、数字家庭等新一代信息技术产业。加快推进制造业与新一代信息技术产业深度融合，培育发展“互联网+制造业”新模式、新业态。以试点示范建设广西工业云服务平台、跨部门数据共享体系，推动规模以上企业实现全部上云。

4. 依托龙头企业和产业联盟加快人才培育，推动交流合作

建立一批两化融合人才培训和实训基地，加强已认定 IT 人才驿站的管理和政策支持。实施两化融合专项人才战略，完善技术人才的评定标准，

推进行业职业技能鉴定工作和高技能人才选拔工作。加大高端、紧缺人才的引进和培养力度，加大信息技术人才的培训力度。

六、推动工业高质量发展的对策建议

（一）把工业高质量发展放在应有高度

提高对加快工业高质量发展重要性的认识，在全区形成人人支持工业高质量发展的浓厚氛围。要实现广西工业高质量发展，就一定要在思想认识上实现大转变。全区上下要充分认识推动工业高质量发展的重大战略意义，把思想和行动统一到中央重大决策部署上来，迅速掀起新一轮实施“工业强桂”战略的热潮。坚决破除部门利益、小集团利益、个人利益至上的思想，增强全区“一盘棋”的大局意识，全面营造全区上下共同推动工业高质量发展的良好氛围。高规格建立推动工业高质量发展的领导机制。建立各级党政“一把手”亲自抓工业机制。加大对工业干部的培养、配备、管理和使用，培养造就一支熟悉工业、善抓工业、会干工业的工业干部队伍，把懂工业、会干工业、德才兼备的优秀干部充实到各级党政班子。

（二）完善工业高质量发展的顶层设计

一是立足实际做好顶层设计，有所为有所不为力求“精准”。把发展需要和广西现有能力、长远目标和近期工作统筹结合考虑，有所为有所不为，提出切合实际的发展领域和目标任务。顶层设计要进行动态评估和科学调整，要从产业链来谋篇布局，进行全产业链的构建。

二是避免规划和实际工作“两张皮”，要以抓好重大项目建设为核心，强力推进顶层设计的实施。健全重大项目推进工作机制，按照“四围绕、三排定”强力推进重大项目建设，即“围绕竣工项目促投产，围绕在建项目促进度、围绕新建项目促开工、围绕储备项目促启动”以及按照“排定时序进度、排定要素保障、排定责任领导”来开展工作。重点强化土地供应和集约用地，积极做好资金、用工、煤、电、油、气、运等要素协调。加强项目全程服务指导，及时帮助业主单位协调处理好各种矛盾和问题，对可能影响工程建设的因素及早制订预案，强化跟踪服务，尤其是对亿元以上的工业投资项目。

（三）加强产业集群和工业园区的建设

一是推动优势产业集群化、链条式发展。打造一批高质量的产业集群、构建一批高水平的产业链、建设一批高能级的产业集聚区，重点解决工业产业链短、精深加工能力薄、产业集聚度低等问题。积极引导产业围绕行业主产业链及相应的周边产业聚集，形成产业长链强链全链循环链式集群发展，建设主业突出、副业丰富、特色鲜明的高质量发展产业集中区。二是加强工业园区基础设施建设和体制机制改革。鼓励工业园区结对联合发展，实行“大园带小园”“园区＋基地”等模式，支持有条件的地区与工业欠发达市县开展工业“飞地经济”合作。加快各类工业园区整合力度，加大工业园区现有体制机制改革，充分释放园区改革活力，让园区加快由行政化管理体制向企业主导模式转变，向市场经济靠拢，向发达地区看齐。

（四）在工业招商引资上实现新突破

把招商引资摆在更加突出的位置，建立重大工业项目招商引资和项目推进“一把手亲自抓、负总责”的工作机制。建立工业招商引资项目库，将目标任务分解到市县，并列入全区绩效考核重点内容。积极与世界500强和国内500强企业接触，努力引进品牌企业和大型企业，发挥集聚效应，促进产业高质量发展。围绕“强龙头、补链条、聚集群”，坚持精准招商、以商招商、产业链招商，突出引进产业配套能力强、关联带动效应好、聚集引领作用显著的大项目、好项目。各地要根据入库项目，制订专项招商方案，推动项目落地。

（五）解决工业产品销售的发展“瓶颈”

一是拓宽工业产品营销渠道。继续做好区内工业产品进入国家工信部产品推荐目录和广西工业产品推荐目录工作，争取更多地方名优入选名录。对获得国内首台（套）重大技术装备或首批次新材料认定的区内工业企业和对购买广西企业生产的国内首台（套）产品的用户，从自治区工业发展资金中安排资金给予奖励。

二是全力推动广西工业产品出口。对区外销售收入增长明显的工业企业给予适当奖励。组建工业产品外贸综合服务中心，为企业提供对外贸易全流程服务。引入担保公司设立风险补偿金，对有出口订单的企业开展无抵押担保融资，设立专项资金实施“报关即退”模式的出口退税账户托管融资。

三是开展工业产品巡展推介。发挥产品展示展销对工业产品销售的带动作用，每年定期举办广西工业产品博览会和广西工业产品网上博览会。丰富广西工业产品网上博览会板块内容。组织广西工业产品开展东盟巡展，挖掘东盟市场空间。

（六）优化工业高质量发展营商环境

一是健全完善政策体系。建立“一把手”抓工业机制，各市县“一把手”作为推动工业高质量发展的第一责任人。成立自治区工业高质量发展领导小组，每季度专题召开工信会议。坚持量质并举的考核导向，在考核中更加注重对工业经济质量方面的考核，把规模以上工业增加值、单位增加值能耗、研发投入等指标纳入工业重点指标考核。

二是优化产业扶持政策。加强工业用地储备，推进空间规划试点及“多规合一”工作。新增工业用地优先保障新兴产业、先进制造业、智能制造等产业以及传统产业的转型升级改造。增强自治区国有投资公司产业投资功能，做大、做强广西工业投资公司，鼓励各市县建立产业投资公司，设立和引进工业产业投资子基金。加快设立中小企业应急转贷资金池，降低中小企业“过桥融资”成本。

三是营造一流营商环境。深入推进“放管服”改革，进一步削减不合理的前置审批和许可。提高企业家的政治荣誉和社会地位。落实困难企业缴纳住房公积金降比、缓缴、停缴等政策。全面清理规范涉企经营服务性收费等。着力降低企业用电、用气、用能、用地成本，取消桥隧通行费。

参考文献

［1］黄炳利．推动临港工业高质量发展　打造广西新兴工业基地［N］．广西日报，2020－12－31．

［2］郭彩云．广西造纸年会暨广西造纸工业优化升级高质量发展论坛

在南宁隆重召开［J］．造纸信息，2020（10）：134－136.

［3］梁海，陈政，凌伶，李煜林．供给侧结构性改革视角下广西工业经济高质量发展的金融支持研究［J］．区域金融研究，2020（10）：33－39.

［4］陈武．全力加快广西汽车工业转型升级步伐　为全区经济社会高质量发展提供有力支撑［J］．广西节能，2020（03）：13.

［5］李楠．推动广西工业高质量发展的发力点［N］．广西日报，2020－07－09（012）．

［6］胡高阳．广西工业高质量发展水平研究［J］．市场论坛，2019（12）：1－3.

［7］刘志雄，陈红惠．“新通道”背景下广西物流业发展对工业高质量发展的影响研究［J］．江苏商论，2019（11）：32－36＋43.

［8］杨鹏，张润强，张鹏飞．广西工业高质量发展：理论逻辑、现实挑战与应有对策［J］．改革与战略，2019，35（06）：58－69.

［9］广西工业高质量发展行动计划（2018—2020年）（下）［J］．广西节能，2018（04）：6－9.

［10］杨丛丛，彭新永．创新驱动：跑出广西工业高质量发展“加速度”［J］．中国经济报告，2018（11）：97－101.

［11］钟振，刘慧．广西工业高质量发展版图［J］．当代广西，2018（13）：16－17.

［12］鹿心社．培植“工业树”　育护“产业林”　开创广西工业高质量发展新局面［J］．广西经济，2018（06）：8－9.

［13］全区工业高质量发展大会在南宁召开　鹿心社陈武讲话　强龙头补链条聚集群抓创新创品牌拓市场　全面开启广西工业高质量发展新征程［J］．广西节能，2018（02）：10－11.

［14］鹿心社．培植“工业树”　育护“产业林”　开创广西工业高质量发展新局面［N］．经济日报，2018－06－15（007）．

［15］陈贻泽，董文锋，魏恒．全区工业高质量发展大会在南宁召开——全面开启广西工业高质量发展新征程［J］．当代广西，2018（11）：12－13.

第二篇　广西新能源汽车产业高质量发展问题研究[1]

---

① 本部分内容得到2019年中共广西壮族自治区党委重点调研课题和2018年广西特色新型智库联盟重大课题资助。

当前，汽车是广西产值排名第三的支柱性产业，2018 年 5 月召开的全区工业高质量发展大会拉开了汽车工业高质量发展的大幕，新能源汽车高质量发展体现为以产业转型升级为目标促进广西汽车产业提质增效，推动广西汽车工业的高质量发展。

一、广西新能源汽车高质量发展概述

（一）新能源汽车高质量发展的内涵

1. 新能源汽车及其技术路线

新能源汽车是指采用非常规的车用燃料作为动力来源，综合车辆动力控制、驱动先进技术，形成技术先进，具有新技术、新结构的汽车。类型包括纯电动汽车、混合动力汽车（HEV）、插电式混合动力、燃料电池汽车、氢发动机汽车、其他新能源（如高效储能器、二甲醚）汽车等产品①。

新能源汽车技术发展主要有三条路线：一是以锂电池作为主要储能装置驱动的纯电动；二是包括油、电混合驱动的混合动力；三是以氢为燃料驱动的燃料电池。可以说，各国在新能源汽车发展的技术方向上有所不同，如表 2－1 所示。我国 2012 年确定了纯电动技术方向，我国是能源消耗大国，且 2018 年石油对外依存度接近 70%，一些学者提出将新能源汽车产业发展

① 资料来源：《新能源汽车生产企业及产品准入管理规则》。

与能源革命结合起来①，把每个新能源汽车变成一个蓄电池，吸收利用风、光、水等可再生能源，以解决日益严峻的能源危机。当前我国近80%的新能源乘用车是纯电动车，作为纯电动路线的重要补充，上海、广东、江苏等省份也在积极探索插电混合动力、燃料电池的新能源汽车路线。

表2-1　各国新能源汽车发展技术方向

国家	技术方向
美国	纯电动和增程式混合动力汽车
日韩	混合动力、纯电动和燃料电池汽车
德国	纯电动和插电式混动汽车
中国	纯电动和插电混合动力汽车为主、兼顾燃料电池汽车路线

2. 新能源汽车高质量发展内涵

本书认为，广西新能源汽车高质量发展包含了技术创新、商业模式创新和产业政策创新三个方面的内容，其中，技术创新包括关键核心技术、技术创新平台、产业创新联盟等方面，商业模式创新包括产业发展、企业运营及推广应用等方面，产业政策创新包括国家、各省区产业政策等方面。本书主要从三个方面探索广西新能源汽车高质量发展。如图2-1所示。

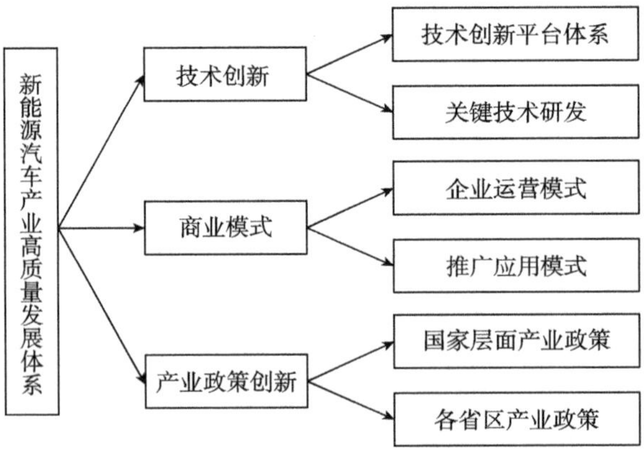

图2-1　广西新能源汽车产业高质量发展体系

① 2018年由中国科学院院士、清华大学教授欧阳明高提出。

（二）广西新能源汽车高质量发展的外部环境

1. 新能源汽车销量大增且主要集中在一二线城市

近年来，新能源汽车的销量呈现了爆发式的增长。如表 2 – 2 所示，2012 ~ 2018 年，新能源汽车的销量总体呈现高速增长，2018 年总体销量达到 125.6 万辆，6 年间增长 98 倍。随着电池等核心技术的突破以及充电基础设施建设的进一步加快，新能源汽车的需求会进一步释放，有望成为 10 万亿级别的产业。

表 2 – 2　2012 ~ 2018 年我国新能源汽车销量情况　　单位：万辆

年份	2018	2017	2016	2015	2014	2013	2012
销量	125.60	77.70	50.70	33.11	7.48	1.76	1.28

资料来源：公开数据整理。

受不限行、免费牌照等优惠政策的影响，新能源汽车在一二线城市的接受度远高于其他市场，如表 2 – 3 所示。值得注意的是，2018 年柳州市销量位列全国第 9，这主要得益于新能源汽车推广的"柳州模式"。下一步，如何打开三线及以下城市的市场将成为新能源汽车产业发展的重要任务。

表 2 – 3　2016 ~ 2018 年我国城市新能源汽车销量排名　单位：万辆

排名	2018 年		2017 年		2016 年	
	城市	销量	城市	销量	城市	销量
1	深圳	8.42	北京	5.87	北京	6.30
2	上海	8.05	上海	5.53	上海	4.22
3	广州	6.27	深圳	4.00	青岛	2.72

续表

排名	2018年		2017年		2016年	
	城市	销量	城市	销量	城市	销量
4	北京	6.25	天津	3.13	深圳	2.51
5	杭州	5.64	杭州	2.63	天津	2.18
6	合肥	5.25	合肥	2.24	太原	1.79
7	郑州	3.78	广州	2.21	广州	1.77
8	天津	3.35	重庆	2.06	杭州	1.50
9	柳州	2.56	青岛	1.55	合肥	0.78
10	南昌	2.53	长沙	1.54	芜湖	0.74
合计		52.1		30.78		24.52
占总销量比重		41.40%		39.60%		48.00%

资料来源：公开数据整理。

2. 新能源汽车生产厂家集中度越来越高，地区分布不平衡

如表2－4所示，销量排名前10的汽车厂商产量占比在50%以上且行业集中度逐年提高。尤其是比亚迪、北汽新能源、上汽乘用车三家企业市场集中度从2015年的26.28%提高到2018年的36.78%，销售车型也从“三低产品”① 转向比亚迪唐、秦及上汽荣威550等中高端车型。2018年上汽通用五菱销量25888辆，位列全国第12，市场份额占2%左右。

表2－4　新能源汽车企业销量排名　　单位：辆

排名	2018年		2017年		2016年		2015年	
	城市	销量	城市	销量	城市	销量	城市	销量
1	比亚迪	217676	比亚迪	113669	比亚迪	102460	比亚迪	58834
2	北汽新能源	147348	北汽新能源	103199	北汽新能源	42153	众泰汽车	24516
3	上汽乘用车	96977	上汽乘用车	44236	众泰汽车	36999	康迪	20390

① “三低产品”是指在原有A0级车身基础上加装三电系统，其开发成本低、技术含量低、价格低。

续表

排名	2018 年		2017 年		2016 年		2015 年	
	城市	销量	城市	销量	城市	销量	城市	销量
4	奇瑞汽车	66422	知豆汽车	42484	吉利汽车	29750	北汽新能源	17060
5	江淮汽车	63632	众泰汽车	36979	知豆汽车	20292	奇瑞汽车	14147
6	吉利汽车	54341	奇瑞汽车	34166	奇瑞汽车	19660	上汽乘用车	11191
7	华泰汽车	52327	江铃汽车	30015	上汽乘用车	19017	江淮汽车	10420
8	江铃汽车	48207	长安汽车	29063	江淮汽车	18369	知豆汽车	6164
9	众泰汽车	31539	江淮汽车	28248	江铃汽车	15608	江铃汽车	5268
10	北京汽车	29027	吉利汽车	24866	长安汽车	4839	腾势	2888
合计		807496		486925		309147		170878
市场集中度	前十	64.30%		62.67%		60.97%		51.60%
	前三	36.78%		33.60%		32.20%		26.30%

资料来源：公开数据整理。

据不完全统计，目前我国共有 114 家新能源客车企业和 86 家新能源乘用车企业①。主要集中于华东、华北、华南地区，华南、华北地区是传统造车势力的根据地，而华东地区新造车势力比较昌盛。具体来看：华东地区共有新能源客车企业 46 家、乘用车企业 37 家，占比超过 40%。华北地区共有新能源客车企业 11 家、乘用车企业 15 家。华南地区共有新能源客车企业 11 家、乘用车企业 11 家。广西拥有新能源客车、乘用车企业各 2 家，数量占全国比重 1.7%、2.3%。2018 年，广西新能源汽车产量为 3.54 万辆，在全国占比大约为 2.81%，远低于其传统车在全国 9% 的占比。

3. 新能源汽车“三电”系统已具备较强竞争优势

（1）动力电池基本情况

动力电池是新能源汽车产业发展的最大“瓶颈”。目前，动力电池企

① 通过对进入新能源汽车推广应用推荐车型目录（2017 年第 1 批至 2018 年第 3 批）的车型进行筛选统计，分别来自 114 家客车企业和 86 家乘用车企业。

业集中在珠三角地区和长三角地区，广东省有53家锂电企业，数量和规模上均居全国首位。我国新能源汽车销量的快速增长，带动了动力电池产业的繁荣：一是产业化进程加快，龙头企业地位已经显现。2018年全球动力电池销量前十名中，我国企业占据六席①，合计全球市场占有率为46%。其中，宁德时代动力电池全球市场占有率为22.64%，位列全球第1。二是已形成多元化的技术体系。当前乘用车的发展带动了三元电池的爆发，专用车的进步驱使锰酸锂电池和快充电池渐成主流。在能量密度方面，目前很多企业已经做出了接近250瓦时/千克的样品②。三是动力电池产业国产化进程大幅提速。近年来已完成电解液、隔膜、正负极材料的国产化，大幅降低了电池材料的采购价格；在动力电池国产装备制造领域，我国的设备也成为了国际上竞标的主力军。广西的动力电池产业起步晚，仅有广西卡耐新能源等几家，数量在全国排位靠后。

（2）电机电控基本情况

随着国内新能源汽车产业链逐步成熟，形成了一批电机电控制造商，主要由三类企业构成：即传统电机与变频器生产企业，代表企业有大洋电机、方正电机等；专业化的电动汽车生产企业，代表企业有上海电驱动、英博尔等；电动汽车整车制造企业，代表企业有比亚迪、江铃汽车等。电机电控与主机厂供应链配套包含第三方配套及主机厂自主配备两种模式。以乘用车领域的比亚迪、北汽新能源为例，比亚迪早期积累了丰富的电机电控研发能力，实现了自主配套动力系统，而北汽新能源则专注于整车设计制造，电机电控以第三方配套为主。当前，第三方配套比例持续上升，

---

① 2018年全球动力电池销量前十中，日本两家（松下、AESC，排名第2、第7），韩国两家（LG化学、三星SDI，排名第4、第5），其余均为中国企业，分别为宁德时代、比亚迪、国轩高科、比克、孚能科技、天津力神。

② 2020年的目标值为300瓦时/千克。

增长主要来自合资电机电控供应商市场占有率的提升，如表2－5所示。

表2－5　电机电控第三方配套比例　　单位:%

年份	2014	2015	2016	2017
电机第三方配套比例	54.9	50.4	52.8	61.8
电控第三方配套比例	51.2	46.8	49.6	57.6

随着一大批互联网车企的进入，第三方配套有望持续提高，国外第三方电机电控制造商凭借在传统燃油车汽车电子领域的竞争优势，占据部分国内高端乘用车份额。目前，广西新能源整车企业的电机电控仍以第三方配套为主，未来需持续推进电机电控的本地化配套。

4. 新能源汽车产业政策由激励转向规范

我国在短时间内成为全球新能源汽车产销第一大国，政策支持功不可没。自2008年以来，共出台产业政策200余项，已形成包括激励类、约束类、保障类、规范类、引导类等完善的政策体系。

（1）政府补贴从“普惠”到“扶强”并逐步过渡到完全取消

早期推动力量主要为财政补贴，2009年，我国开始对指定范围内的新能源汽车给予购置补贴，各级政府也加大了新能源汽车的补贴、减税力度。补贴政策逐步由公共领域向私人消费领域，由试点省市向全国，由单一关注续航能力向更多、更细的技术要求延伸；特别是乘用车领域，逐步从“普惠制”进入“扶强扶优”阶段。按照2018年6月12日正式执行的新补贴政策，续航300～400千米及400千米以上的车型，分别上调2%～14%，续航150～300千米车型补贴分别下调20%～50%不等，纯电动车续航低于150千米将不再享受补贴。根据《关于进一步完善新能源汽车推广应用财政补贴政策的通知》（财建〔2019〕138号）的要求，2019年6

月26日以后国家购置补贴下降50%，地方政府购置补贴全面退出。其中，纯电动乘用车补贴平均退坡47%～60%，续航里程250千米以下车型取消补贴，电池能量密度门槛要求提升到125瓦时/千克，提升幅度约20%，用于运营的新能源汽车补贴金额仅为非运营车辆的70%。未来我国新能源汽车产业将逐步从“政策驱动”转向“市场驱动”，市场因素对新能源汽车产业发展的推动作用将会越来越大。

（2）新能源汽车准入门槛不断提高

近年来，新能源汽车产业的准入标准趋严。国家大幅度提高了新能源汽车企业的准入门槛。2016年8月，工业和信息化部公布《新能源汽车生产企业及产品准入管理规定（征求意见稿）》（以下简称《规定》），该《规定》准入条件共包含17项条款，其中有8项为“否决条款”，只要两项以上“否决条款”未达标，该企业就不符合“准入条件”。2018年4月，国家发改委起草了《汽车产业投资管理规定（征求意见稿）》（以下简称《规定》），该《规定》的实施有望规范和抑制当前新能源产业盲目扩张的现状，对于跨界新能源车企而言，进入的难度陡增。可以说，中国新能源汽车产业进入技术与质量双提升阶段。

（3）新能源汽车的对外开放力度逐步加大

我国于2018～2022年将逐步取消新能源汽车外资股比限制，并取消合资企业不超过两家的限制。此外，从2018年7月1日起，汽车整车进口关税降到15%，零部件进口关税降至6%，这表明，我国新能源汽车产业的大门越开越大，本土新能源车企竞争的压力不断增大，只有快速提升技术实力，做大、做强才是唯一出路，当然，也为广西引入国外新能源龙头车企提供了机遇。

（4）双积分政策将不断拓展产业发展空间

2017年9月，工信部等5部门联合发布《乘用车企业平均燃料消耗量与新能源汽车积分并行管理办法》（“双积分”政策）。“双积分”政策的实施表明国家对新能源车辆的管理从鼓励走向强制化转变，该政策的实施将会为中国汽车市场带来一次全新的变革，将迫使厂商逐步停产高油耗、低利润车型，转而生产小排量燃油车或新能源车等，极大地拓展了新能源汽车产业发展空间。柳州作为全国重要的传统燃油车生产基地，面临着巨大的转型压力。

（5）新能源汽车充电基础设施有待加快完善

基础设施的不完善是我国新能源汽车发展的痛点之一。截至 2018 年 5 月，中国充电桩数量大约有 70.8 万个①，距离 2020 年 450 万个充电桩的目标仍有较大差距②。同时，当前建设的充电桩的分布不合理，较为分散，较难解决新能源汽车里程半径问题，如果这种状况不能改善，那就必须增加车辆续航里程，而增加续航里程则必然导致新能源汽车制造成本的增加，从而阻碍新能源汽车产业的发展。

（三）广西新能源汽车高质量发展的重要意义

1. 推动实现汽车工业高质量发展的重要内容

党的十九大报告指出“我国经济已由高速增长阶段转向高质量发展阶段，正处在转变发展方式、优化经济结构、转换增长动力的攻关期”，推动高质量发展是当前和今后一个时期确定发展思路、制定经济政策、实施宏观调控的根本要求。在 2018 年 5 月召开的全区工业高质量发展大会上，自治区鹿心社书记和陈武主席发表重要讲话，在出台的《中共广西壮族自治区委员会广西壮族自治区人民政府关于推动工业高质量发展的决定》

① 中国充电联盟 2018 年 6 月发布的数据。

② 国家能源局 2016 年印发《电动汽车充电基础设施建设规划》。

(桂发〔2018〕11号)中，提出了创建广西国际知名、国内一流的汽车品牌，形成中高端车型主导、配套体系完善、国内一流的汽车制造基地，实现传统汽车产业跨越式发展的目标以及重点发展系列中高端纯电动、插电式混合动力整车产品，促进电机、电控、动力电池等核心零部件本地化制造，加强新能源汽车配套设施建设，打造南宁、柳州、桂林、贵港等新能源汽车产业集群，实现集聚发展新能源汽车产业的目标。

2. 积极响应新能源汽车产业跨越发展的关键举措

2018年，全球主要国家新能源汽车销量已超200万辆，中国的销量也达125.6万辆，占比超过了60%。从2018年全球新能源汽车销量排行榜来看，中国自主品牌的表现优异，比亚迪、北汽新能源、上汽荣威、奇瑞位列全球销量前十。可以说，我国与西方国家在新能源汽车产业发展方面差距不大。2017年，广西实施了汽车产业新跨越三年行动计划，揭开汽车产业转型升级大幕，在结合自身实际情况探索有效的新能源汽车高质量发展战略的基础上，制定兼顾技术引进和自主创新的“最优”技术模式、商业运营模式和产业政策模式，充分发挥后发优势，实现高起点、高水平起步，完全可实现广西新能源汽车产业的跨越发展。

二、广西新能源汽车高质量发展的现状、机遇与挑战

(一)广西新能源汽车技术创新的现状

1. 已具备一定的研发生产能力

目前，广西已具备一定的新能源汽车生产能力，共有8家企业获得新

能源汽车整车资质和新能源专用车生产资质①。以上汽通用五菱、东风柳汽为龙头的新能源乘用车，以广西申龙、广西华奥为龙头的新能源客车，以柳州五菱、广西玉柴为龙头的新能源专用车的整车研发、生产格局已具备雏形。截至2018年12月，共有256款车型纳入工业和信息化部《道路机车车辆生产企业及产品公告》，产品涵盖了纯电动轿车、纯电动多用途乘用车、纯电动客车、插电式混合动力客车、纯电动邮政车、纯电动厢式运输车、纯电动仓栅式运输车、纯电动自卸式垃圾车和纯电动冷藏车等多种车型。2018年，全区新能源汽车产销量分别为3.54万辆和3.19万辆，同比分别增长90.3%和89.9%。新能源汽车产量占全区汽车产量的1.65%。上汽通用五菱的新能源乘用车为其中的佼佼者，2018年，上汽通用五菱的宝骏E100车型全年销量25888辆，单一车型在全国领先。东风柳州汽车有限公司已完成景逸两款电动汽车L2EV和M3BEV纯电动车商用车的开发。华奥新能源汽车公司研制出“华奥”品牌的高级商务客车、全承载纯电动和插电式公交车、公务用车、低地板机场摆渡车和电动客车。广西申龙新能源汽车有限公司开发出了全铝车身的新能源客车。总体来看，玉柴继续保持了混合动力系统方面的优势。

2. 已成立一些新能源汽车研发平台和技术创新联盟

目前，广西大型汽车企业都拥有自治区级以上的技术中心。其中，上汽通用五菱和玉柴机器拥有国家级企业技术中心，东风柳汽、广西汽车集团、柳州延龙、桂林客车、桂林大宇、玉柴专用汽车等拥有自治区级企业技术中心。上汽通用五菱新能源汽车研发团队成立于2009年，拥有研发人

① 上汽通用五菱汽车股份有限公司、东风柳州汽车有限公司、桂林客车工业集团有限公司、广西华奥汽车制造有限公司、广西申龙汽车制造有限公司等企业已获得新能源汽车整车资质；柳州五菱汽车工业有限公司、柳州延龙汽车有限公司和广西玉柴专用汽车有限公司等企业也拥有新能源专用车生产资质。

员531人，占技术中心总员工数的30%，具有一批专门的新能源汽车三电及高压附件等关键核心系统的技术开发人员。东风柳汽2014年开始纯电动乘用车研究，目前拥有70多人的新能源商用车、乘用车研发人才队伍，主要负责新能源商用车、乘用车的研发、标定试验等工作。同时，广西也拥有一批教育部及自治区级的新能源汽车研发平台，如广西科技大学的重型车辆零部件先进设计制造教育部工程研究中心等。目前，广西已经出现新能源汽车技术创新联盟雏形。2017年4月，广西理工职业技术学院牵手广西森宝电动汽车公司成立了“广西新能源汽车技术研发中心”，该中心作为广西新能源汽车产学研合作的一次尝试，将在核心关键技术领域展开技术研发。

3. 动力电池研发生产格局已初步形成

目前，广西拥有一些如广西科技大学新能源汽车动力电池及材料实验室、广西大学广西石墨烯研究院在内的研发平台，在动力电池的研发方面进行了探索。同时，广西动力电池产业已经初步形成，包括梧州新华大容量锂离子汽车动力电池、钦州市广西卓能新能源科技有限公司锂离子动力电池生产基地、崇左市中信大锰矿业有限公司锂离子动力电池生产基地。其中，广西梧州新华电池股份有限公司引进国内最先进的工艺生产技术，采用具有国际领先的挤压涂布、全自动叠片、全自动装配等现代化装备，已建设一条12ppm的锂离子动力电池生产线及pack生产线；广西卓能新能源科技有限公司建成50亿安时锂电池、10万套电源系统产业化项目。

（二）广西新能源汽车商业模式创新的现状

1. 强龙头补链条聚集群的发展思路已达成共识

在2018年5月底召开的全区工业高质量发展大会上，自治区鹿心社书记提出了强龙头补链条聚集群的发展思路，阐述了培植“工业树”、打造“产业林”的工业高质量发展之路。鹿书记指出，发展工业如同植树造林，只有种下优质的项目幼苗、厚植环境的沃土，洒下政策的阳光雨露，才能长成根深叶茂的“工业树”，形成生机盎然的“产业林”。广西工业高质量发展的思路体现为五个着力：即着力抓项目，培育工业之“苗”；着力强龙头，挺直工业之“干”；着力补链条，伸展工业“枝叶”；着力聚集群，繁茂工业之“林”；着力抓品牌，扎牢工业之“根”。目前，强龙头补链条聚集群的工业高质量发展思路已在全区达成共识，成为了广西新能源汽车产业发展的重要指引。

2. 新能源汽车推广“柳州模式”已成效显著

2017 年，柳州市通过政企联动、市场驱动、配套推动等重点措施，积极探索打造“柳州模式—生态圈建设”工程，快速打通了私人消费市场，在三线及以下城市打开了新能源汽车的消费市场。“柳州模式”的具体措施包括：一是充电设施灵活建设。全市范围内深度挖掘实际用户充电行为习惯，差异化建设充电网络和实施配套政策。二是推进全覆盖示范工程。政府机关、学校、医院、小区等广泛建设示范点，让市民主动了解新能源汽车并提出真实试乘试驾、使用体验的改进建议意见。三是专属路权提供便利。在特点区域等新能源汽车享受特殊化不限行交管政策以及专用车道等优势道路资源。四是专用配套鼓励使用。重点解决停车难的城市空间资源问题，新增新能源汽车专用停车位，鼓励电动化出行。五是全民参与深度融合。开展面向全市的“全民挖掘找车位”“全民参与共建充电桩”等活动，由用户提出需求，政府积极配置资源解决实际痛点。六是政企联动横纵互动。政府发挥独有公共资源优势，企业发挥技术开发、产品投放和市场优势，从推广应用的全生命周期深度合作、共同推动。七是积极宣传打造氛围。开展“新能源 + 学校”“新能源 + 小区”等活动以及建设新能源汽车文化墙等城市环境，营造氛围，树立绿色出行的市民新风尚。2017 ~ 2018 年，柳州市累计生产各类新能源汽车 51443 辆，销售 45087 辆，其中，宝骏 E100、E200 车型为 37344 辆，且基本为个人消费用户。在购置 E100、E200 作为家庭第二辆车的用户中，日常生活 88% 以上已经优先选择 E100、E200 出行。由于推广应用带动的新能源产业聚集效应凸显，卡耐新能源、联合电子、上海电驱动、杰诺瑞、万安科技等企业落地柳州，宁德时代、深圳比克、浙江方正、苏州智绿等企业正在开展柳州本地化工作。整体而言，在初步实现 2017 年超过万辆的新能源汽车城市中推广使用后，在提升城市电动化出行率、生态环境保护、缓解交通拥堵压力、拉动当地产业发展等方面，均取得了显著成效，基本形成了推广创新的"柳州方案"。

（三）广西新能源汽车产业政策创新的现状

近年来，广西出台的政策体系较为完备，包括发展规划、行动方案、购车补贴、推广应用、充电基础设施建设等方面，政策梳理结果如下：

1. 研发和生产环节的政策要点

其主要包括搭建新能源汽车技术平台，对新能源汽车新产品、重大研究成果、产业化项目进行奖励等政策。在新能源汽车技术平台建设支持方面，鼓励自治区外知名新能源汽车企业及高校科研院所在广西设立新能源汽车研发机构，其组织实施的科研项目按有关规定经评审后优先给予财政资金支持；获得国家、自治区认定的新能源汽车研发机构，各级财政补贴提高 50%。新能源汽车新产品支持方面，对于列入国家《新能源汽车推广应用推荐车型目录》的新车型，给予 50 万元一次性奖励；重点支持上通五研发生产纯电动轿车、纯电动 SUV 和 MPV 车型。在重大研究成果支持方面，对新能源汽车前沿技术取得重大研发成果的，按有关规定给予资金补助；对获得的新能源汽车相关专利，依照专利政策给予支持。在产业化项目支持方面，对申报获得国家高新技术企业等称号的新能源汽车企业，按照国家规定享受税收优惠政策；各项财政切块资金向新能源汽车产业倾斜；

对新能源汽车的产业化项目、企业收购兼并境外拥有核心技术的企业和研发机构且获得相对控股权的项目，按照有关规定给予贷款贴息或无偿资助。

2. 采购及使用环节的政策要点

其主要包括财政补贴购买、停车费补贴、新能源汽车企业宣传补贴、示范推广等政策。财政补贴购买政策方面，2018～2020年，自治区本级财政对消费者购置新能源汽车产品，按国家标准的20%给予生产企业补贴。在停车费补贴政策方面，对于国有资源设立的公共停车场减半征收新能源汽车停车费，纯电动物流、配送等车型可不受进城限制。在新能源汽车企业宣传补贴方面，参加省级以上展会的，给予不超过场地租赁费70%的补贴，在中央一级媒体做产品广告的，给予5%的广告费、最高不超过500万元的补贴。在示范推广方面，对于自治区内4A级以上旅游景区、风景名胜区，更新的客运车辆须全部采用新能源汽车；自治区党政机关、企事业单位更新车辆时，新能源汽车的比例须逐年增加；国有企事业单位在采购公务用车时，给予《广西工业产品推荐目录》的汽车产品1～3分的政策功能分。

3. 充电基础设施建设运营环节的政策要点

其主要包括新能源汽车充电服务，充电设施及停车场建设等政策。在新能源汽车充电服务方面，自治区党政机关、企事业单位、社会公共停车场中的充电设施用电，执行一般商业用电价格；电网经营企业直接报装接电的经营性集中充电设施用电，执行工业用电价格；居民住宅、居民小区等非经营性分散充电桩，执行分类目录电价。在充电设施及停车场建设方面，符合城市规划的前提下，企业可利用原有建设用地建设充电设施，交通运输企业可利用自有道路运输站场建设充电设施，相关用地手续可采用协议方式办理，新能源公交客车充换电站用地可按划拨方式供应；各设区市根据各自情况对充换电设施建设给予一定财政补贴。

4. 新能源汽车公共服务平台建设政策要点

其主要包括加大对公共技术创新服务机构、公共检验检测机构的支持力度。鼓励企业建立新能源汽车技术支撑平台，增加创新能力、检验检测能力建设的投入，提高新能源汽车技术服务和测试检验水平，完善新能源汽车产业技术创新体系和产品质量保障体系。

5. 新能源汽车产业要素支持情况

2013～2017 年，广西财政累计投入 8.1 亿元用于新能源汽车技改项目和柳州、贵港新能源汽车基地建设。其中，投入 4 亿元支持一批新能源汽车技改项目建设；投入 3.6 亿元支持柳州新能源汽车基地建设，带动了上海汽车集团、东风汽车集团共 120 亿元投资；投入 0.5 亿元支持桂东新能源汽车基地，引入了华奥汽车项目建设。2015 年底，广西财政设立了广西政府投资引导资金，三年内基金规模达 100 亿元，其中，安排广西投资引导基金 3 亿元，与其他社会资本共同发起设立广西恒拓汽车产业发展基金，募集 100 亿元的资金投资广西新能源汽车等产业，从研发、设计、生产和销售等多方面推动新能源汽车的发展。同时，自治区政府要求各设区市将充电基础设施、配套电网建设纳入城市规划；对经自治区审批或投资额在 5 亿元以上且投资强度达到 10 万元/公顷以上的新能源汽车产业、充电设施项目，由自治区优先安排建设用地指标。

（四）广西新能源汽车高质量发展的机遇

1. 国家及自治区政府政策的大力支持

目前，新能源汽车产业已形成各级政府大力推动、企业积极响应、社会联动的发展势头。为推进新能源汽车产业发展和推广应用，国务院及中央各部委出台一系列鼓励和规范新能源汽车产业发展政策，涵盖研发、生产、推广、监管等方面，构建了横向协同、纵向贯通的组织推进体系。近年来，广西陆续出台《节能与新能源汽车产业发展规划（2012—2020年）》《加快新能源汽车推广应用的实施意见》《广西新能源汽车产业发展十三五规划》《广西新能源汽车发展行动方案（2016—2020年）》《支持新能源汽车发展的若干措施》等一系列新能源汽车产业发展政策，大力推动广西新能源汽车产业的发展。可以说，广西新能源汽车近年来取得的一系列成绩主要归功于自治区政府的大力支持和推动。

2. 汽车消费升级和技术进步相结合的广阔空间

当前，汽车正在向情感体验消费方向升级，年青一代的群体不仅把汽车作为一个交通工具，还有更多个性化的情感需求，带来汽车的消费从“性能消费”转向“情感消费”，对于汽车的追求，也从“可靠性”到“舒适性”，再到“个性化”，这将成为未来汽车的发展方向。随着信息技术和智能制造技术发展和融合，新能源汽车的智能化、网联化、轻量化及环境的共享化将为新能源汽车产业发展提供广阔的想象空间。

3. 面向东盟广阔市场的区位优势

对于广西新能源汽车的发展来说，东盟市场的开拓是非常重要的。在人口超6亿的东盟，2017年汽车保有量4000余万辆，泰国、印度尼西亚、马来西亚、菲律宾和越南五大汽车生产国2017年产销量已超越韩国和印度，成为亚洲第三大市场。随着东盟部分国家代步工具消费需求的转变，尤其是印度尼西亚将推动当地从摩托车向轿车、MPV（多用途车）和SUV（运动型多用途汽车）的转变。同时，世界各国对节能减排的不断重视，新能源汽车成为东盟主要汽车产销大国主要关注点，东盟各国出台一系列激励政策，印度尼西亚提出低成本绿色汽车计划，泰国致力于建设全球绿色汽车生产中心，马来西亚则提出建立节能汽车中心计划，这些都为广西新能源汽车走出去提供了得天独厚的条件。华奥汽车落户广西，也正是看中潜力巨大的东盟市场。

4. 广西水电、有色金属、港口等资源优势

作为一种清洁、可再生能源，广西的水电资源非常丰富。2016 年，广西水资源总量为 2178.6 亿立方米，占全国比重 6.7%，排名第 6 位[①]，其中，工业用发电用水量 16.1 亿立方米，2017 年，广西水电装机总量 1665 万千瓦时，全国排名第 5 位，占水、火电总装机量的 43%；广西是全国 10 个重点有色金属产区之一，有 64 种矿产资源储量名列全国前十，12 种矿产储量位居全国第一。广西有色金属具有品位高，质量好，分布相对集中的优点，作为动力电池正负极材料、电机材料及车身轻量化材料的锰、稀土、铝等资源丰富。其中，锰矿累计探明资源储量（矿石）25536.2 万吨，占全国总量的 36.98%，排名第 1 位；稀土矿储量在全国也具有一定的地位，离子吸附型稀土资源预测总量位居全国第一，铝矿的远景储量超过 10 亿吨，占全国的 25%，位居全国第二。这些都为新能源汽车产业发展奠定良好的基础。北部湾港作为西部地区唯一的出海口，将大幅降低新能源汽车动力电池所需的镍矿、钴矿、锂矿的进口成本，这些都是广西发展新能源汽车产业的独特资源优势。

（五）广西新能源汽车高质量发展的挑战

1. 补贴退坡给广西新能源汽车带来巨大成本压力

2019 年 6 月 26 日以后，随着国家购置补贴减半，地方政府购置补贴全面取消，广西新能源汽车企业面临较大的成本压力，从短期来看，上汽通用五菱与比亚迪、威马汽车、小鹏汽车、北汽新能源、奇瑞新能源等国内龙头车企一样，均表示短期内不涨价，车企自身消化成本压力。广西传统汽车产业虽然在全国占据较重要地位，但一直以中低端车型为主，盈利

① 《中国水资源公报（2016）》。

能力比较弱，在应对新能源车成本压力上涨时，调节能力相对较弱，调整持续时间过长将给广西新能源车企带来巨大挑战。

2. “双积分”政策给广西新能源汽车带来较大市场压力

第一，“双积分”政策促使车企增加新能源汽车的生产。根据双积分管理办法，新能源车企需根据传统能源乘用车年度生产量或者进口量搭配一定数量的新能源汽车才能达到积分要求，2019～2020 年，比例要求分别为 10%、12%，车企可通过购买积分的方式达成合规，否则可能面临暂定公告导致无车可卖的严重后果。然而购买积分也存在较大风险，一是可能面临无处可买和无分可买的情况，由于行业普遍销售受挫，新能源汽车积分将成为稀缺资源，较少有企业愿意出售，同时，也可能存在行业内无多余积分交易的情况；二是因积分的稀缺性导致价格上涨，严重影响车企生产经营。

第二，经济水平的落后导致广西新能源汽车市场承受压力。作为后发展欠发达地区，2018 年，广西人均可支配收入 21485 元，排名全国倒数第 6 位，是全国平均水平的 76%，较弱的经济水平势必使广西新能源汽车长期增长受压。尽管自治区已制定诸多新能源汽车推广应用政策积极拓展新能源汽车市场，如在公交、出租等公共服务领域逐步实施新能源汽车更新计划。目前，除了柳州以外，其他城市落实政策较慢，可能的原因是其他城市没有量产的新能源乘用车企业，缺乏推广应用新能源汽车的动力。同时，区内各城市之间也缺乏互动，出现了“柳州产的新能源汽车卖不到南宁”“南宁产的新能源汽车也卖不到柳州”的窘境，新能源汽车市场被人为分割。

从长期来看，补贴退坡和双积分政策对于实力较强的企业是一种强有力的促进，但对于实力较弱的企业，则成为不可逾越的“高墙”。两者共同作用会使一些竞争力比较弱，而且在产品和口碑上都达不到标准的车型和车企逐渐被淘汰，当然，那些在技术上不断创新，能够经得住市场考验的汽车品牌也会不断发展壮大。

三、广西新能源汽车产业高质量发展中存在的问题

（一）技术创新中存在的问题

1. 广西新能源汽车产业技术创新投入不高

与比亚迪（6.56%）、欣旺达（5.21%）和欣锐科技（9.26%）三家所调研的新能源整车及核心零部件企业相比，广西新能源车企研发投入力度较低（2018年上汽通用五菱集团的研发强度仅为1.79%）。按照欧盟统计标准，5%以上属于高研发强度，此类企业一般被认为具备充分的研发竞争力优势；2%以下属于中低强度，不足1%则属于低强度，可见，广西新能源汽车企业研发投入水平还有待提高。从政府投入来看，自2016年以来，尽管自治区科技厅通过高质量发展专项资金、科技计划等共计投入8500万元用于支持新能源汽车企业研究与开发，但与广东省连续3年每年投入3亿元用于支持新能源汽车的动力电池、电机、电控和智能终端等关键零部件，燃料电池系统及核心部件等重大攻关项目，仍有较大差距，且广西财政支持均以新产品开发及产品升级改造为主，在新能源汽车共性关键技术基础研究领域投入相对较少。

2. 广西新能源汽车关键核心技术较弱且产品单一

上汽通用五菱、东风柳汽、广西华奥、广西申龙等龙头企业在整车集成研发方面具有一定实力，但在“三电”系统等核心零部件研发方面较弱，无法依靠关键核心技术优势大幅降低新能源汽车生产成本。但以工信部公布的2017年11批新能源车推广应用推荐车型目录来看，在全部获批

的3556个车型中，广西的有72个，占全国比重2%，相对偏低。从量产的车型来看，上汽通用五菱的E100和E200，东风柳汽的S50EV、广西申龙、广西华奥的几款客车得到量产，相对较少，且现有新能源汽车产品基本为纯电动，在燃料电池和混合动力方面布局较少。

3. 广西新能源汽车技术创新人才匮乏

目前，随着广西新能源汽车产业规模持续扩大，无论是新能源汽车零部件企业、整车企业，研发设计的核心人员都处于紧缺状态，电机、电池、电控领域（如BMS、热管理、电芯、电池PACK）更是稀缺。如东风柳汽拥有新能源商用车、乘用车研发人才队伍仅70多人，相较广汽新能源依托的研究院则拥有5000多人，差距较大。同时，广西新能源汽车专业创新人才的培养是严重不足的，本土高校中，仅有广西大学、广西科技大学等5所高校开设有车辆工程本科相关专业，有3个硕士点，无博士点，并没有开设专门的新能源汽车专业，无法满足新能源汽车产业发展需要。随着各地区新能源汽车产业持续发展，对于新能源汽车研发人才及高级管理人才的需求不断增加，广西对于这些人才的吸引力相较深圳、广州等经济发达地区而言，也是非常弱的。

4. 新能源汽车技术创新平台和创新联盟力量薄弱

当前，广西新能源汽车科研创新和成果转化的平台较为有限，对人才的吸纳力不足、承载力不高。尽管广西大型汽车企业集团均拥有自治区级及以上研发和技术中心，但多偏重于传统汽车产业研发，缺少专门的新能源汽车研发平台。特别是上汽通用五菱作为国内微型车的龙头企业，与国内的江淮、奇瑞、比亚迪等龙头车企相比，缺乏与其自身实力相匹配的新能源汽车研发平台①。同时，广西新能源汽车产业也缺乏高水平的技术创

① 江淮、奇瑞、比亚迪等龙头企业均有国家级的新能源汽车研发平台。

新联盟，与自治区内、外新能源汽车创新资源的结合力度还不够，特别是参与国家、行业、国际等层面①的技术创新联盟的实践还不多。

（二）商业模式创新中存在的问题

1. 新能源汽车产业发展的集聚效应不突出

尽管目前以上汽通用五菱为龙头的新能源乘用车、以广西申龙汽车、华奥汽车为龙头的新能源客车、以玉柴专用车为龙头的新能源专用车体系已具雏形，但仍存在如下问题：一是龙头企业面临着产品较为单一、过于依赖补贴、技术创新和整合能力有限、区外市场开拓不足等问题。二是龙头企业发展存在“孤岛现象”，面临着产业链条短、关键链缺失等问题，一些关键零部件无法实现本地配套，如上汽通用五菱的E100和E200，“电池、电机、电控”等关键零部件均须从外地采购，本地配套率较差。三是当前广西新能源汽车产业远未达到集群发展的目标，龙头企业顶天立地的作用不明显，中小链条企业铺天盖地的局面仍未形成，新能源汽车产业的特色和优势地位仍未确立。

2. 新能源汽车基础配套设施建设滞后

一是现有充电桩总量较少。目前，广西已建成充电桩约3500个，充电插座约10000个，充电桩总量大致排名全国第22位，但与快速增长的新能源汽车数量相比，仍无法满足充电需求。

二是充电桩分布不平衡，截止到2018年12月，广西电网已建成充电桩1431个，其中，南宁局建成充电桩579个，占公司建成总数的40.5%，柳州局建成充电桩708个，占公司建成总数的49.5%。其余地市充电桩建

① 当前我国已有30多个新能源汽车技术创新联盟，可划分为国家层面、地方层面、行业层面、国际层面4个类别。

设才刚刚起步。

三是充电桩标准也存在不统一的问题，由于各地及新能源汽车企业的充电站、充电桩的设备标准不统一导致充电设备共享较差，使用效率不高，拖累了广西新能源汽车产业的发展进程。

四是充电基础设施建设存在较多障碍，推进缓慢。当前由于社会认识不足，利益主体多，涉及城市规划、建设用地、配电网改造、安装条件、投资运营模式等因素，推进难度大，发展速度慢。

五是新能源汽车专用停车位较少且分布不均衡。截止到 2019 年 7 月，仅柳州和南宁两市设置了新能源汽车专用停车泊位，柳州市市区道路共计施划 6759 个路内新能源汽车专用停车泊位，并全部实行免费停放政策，南宁市将陆续施划 21 个新能源汽车专用停车带约 300 个专用停车位，其他各市还没有新能源汽车专用停车位的实施安排。因此，相对于当前广西 57403 辆小型新能源汽车来说，新能源汽车专用停车位仍无法满足停车要求。

3. 新能源汽车技术应用环境不成熟

一是当前新能源汽车“三电”系统核心技术的突破进展较难，加上新能源汽车关键零部件本地配套率较低，导致新能源汽车制造成本比较高，以上汽通用五菱的 E200 为例，制造成本仍近 10 万元，补贴后的售价仍在 5 万元左右。

二是充电服务的成熟商业模式尚未形成。在部分城市通过实行峰谷电价、充电服务费等措施，商业模式探索取得一定进展，但尚未形成可复制的模式。在面向社会公众的公共充电服务领域，由于电动汽车数量少、设施利用率低、价格机制不健全等原因，充电服务企业普遍亏损，商业模式探索处于起步阶段。同时未形成统一的充电服务平台。全区各类大小充电服务平台良莠不齐，各自为政，重复建设，数据不能共享互联互通，导致很多充电桩的利用率低下，大大地降低用户的使用体验，阻碍新能源汽车产业发展，也给政府的监管带来巨大挑战。

三是广西经济实力相对较弱，对新能源汽车产业的财政支持力度受到一定的限制，同时，消费者对新能源汽车概念认知不足，不少消费者对新能源汽车的安全性和操控便捷性存有质疑，这些因素都影响到新能源汽车产业的发展。

（三）产业政策创新中存在的问题

总体来看，广西新能源汽车产业政策“干货”不多，财政政策支持力度比较小，财政投入刚性不够，分散在各个部门的职权和资源无法实现有效协调，实际执行时，大打折扣。

1. 财政引导资金支持水平较低

财政资金的投入是引领广西新能源汽车高质量发展的重要物质基础。我们看到，广东、安徽、黑龙江等省份在新能源汽车产业政策落实中，投入是非常大的。在共性关键技术研发方面，广东连续三年安排9亿元，安徽最高给予3000万元的补助金，黑龙江也给出最高500万元的补贴，广西仅对列入国家《新能源汽车推广应用推荐车型目录》的新车型，给予50万元奖励（安徽、黑龙江奖励100万元），其他奖励政策缺少具体数字，财政支持刚性不足；在推动新能源汽车项目落地方面，安徽和黑龙江最高奖励分别达到5000万元、2500万元；在新能源汽车销售方面，安徽和黑龙江也给予企业最高1500万元的重奖，相较而言，广西新能源汽车产业的财政支持水平有待继续提高。另外，新能源汽车产业发展资金分散在自治区工业和信息化委、发展改革委、科技厅、北部湾办等部门，难以形成强大有效合力，影响了财政引导资金的作用发挥。

2. 技术创新能力建设支持政策力度较弱

现有的广西新能源汽车产业政策对技术创新能力建设的支持力度较

弱。与广东、安徽等省份的政策相比，一方面缺乏广西特色的新能源汽车共性关键技术路线图，导致广西新能源汽车技术核心能力的培育缺乏规划指引；另一方面，又出台措施有针对性地对新能源汽车技术创新平台及技术创新、产业发展联盟的发展予以支持。

3. 公共技术服务平台建设支持政策涉及面较窄

当前，广西在公共技术及服务平台建设政策方面，仅涉及技术创新平台和公共检验检测等支持政策，在新能源汽车维修服务网络，动力电池回收、利用和处置，新能源汽车公共数据采集与监管，充电桩互联互通以及新能源汽车全生命周期、全产业链的安全管理等方面的支持政策仍有待不断完善。

4. 新能源汽车推广应用支持政策落实较慢

尽管在自治区层面已经制定了许多新能源汽车推广应用政策，如在公交、出租等公共服务领域逐步实施新能源汽车更新计划，实施新能源汽车专用号牌，在政府集中采购、停车、限行、充电费用结算等方面加大支持力度。目前，除了柳州以外，其他城市落实政策较慢，可能的原因是其他城市没有量产的新能源乘用车企业，缺乏推广应用新能源汽车的动力。

四、国内外新能源汽车高质量发展的经验借鉴

（一）技术创新的经验借鉴

1. 国内重点新能源汽车创新能力平台情况

目前，我国已经建设运营了一批国家重点实验室、工程技术研究中心等新能源汽车创新能力平台。如表 2－6 所示，主要包括科研院所主导和龙

头企业主导两类平台，前者以攻克共性关键技术为主要任务，在“三电”系统等关键领域拥有深厚的技术积累；后者则依托企业拥有的技术优势，寻求在具体研究领域的突破。

表 2－6　国内重点新能源汽车创新能力平台概况

平台	代表性平台	平台简介
科研院所主导型	同济大学新能源汽车工程中心	成立于2000年，是科技部国家燃料电池及动力系统工程技术研究中心。建立了包括纯电动、混合动力、燃料电池在内的新能源汽车动力系统技术平台，技术能力达到国际领先水平，在燃料电池、混合动力和纯电动等新能源汽车领域拥有丰富的技术积累
	北京理工大学电动车辆工程实验室	成立于2008年，该实验室在新能源汽车电驱动技术方面拥有深厚的研究基础，研制成功了纯电动旅游和公交客车、混合动力旅游客车、燃料电池和纯电动轿车等20余种电动车辆整车
龙头企业主导型	北汽新能源	成立于2009年，是北汽集团在新能源汽车领域进行技术研发的管理平台，现已成为拥有最丰富新能源汽车技术路线的企业
	比亚迪	2003年布局新能源产业，目前同时掌握新能源汽车电池、电机、电控及充电配套、整车制造等核心技术及拥有成熟市场推广经验。比亚迪具有国际水平的技术创新发展平台并拥有多种自主开发的产品，通过产业链“垂直整合”，实现近70%零部件的自主研发、设计和生产
	奇瑞汽车	2008年成为“国家级节能环保实验室”。开展混合动力、纯电动、燃料电池及电机、电池、电动汽车增程器等的研发，是研发覆盖率最全的技术中心
	江淮汽车	2011年成为“国家电动客车整车系统集成工程技术研究中心”，中心建设有新能源汽车动力系统实验室、动力电池实验室、电控系统实验室、整车、零部件性能实验室等实验室

2. 国外新能源汽车技术创新产业联盟情况

技术创新联盟已成为整合研发资源，引导要素集聚，提高产业创新能力的有效途径，目前，美国、日本、德国是世界上新能源汽车技术最先进的国家。如表2－7所示，其技术创新产业联盟特点如下：一是政府引导和推动，新能源汽车产业技术联盟方面多由政府相关部门牵头或组织管理；二是成员众多，联盟成员有整车、零部件等产业链企业，如美国的PNGV计划，成员超过400名；三是联盟多以有实力的企业为主体；四是联盟中的高校科研院所与企业开展紧密的研究。

表2－7　国外新能源汽车技术创新产业联盟情况

国家	技术创新产业联盟情况
美国	1993年，在美国政府主导下，与通用、克莱斯勒、福特联合组建了“官、产、学、研”合作的PNGV计划，形成覆盖美国的新一代汽车技术创新平台。2009年，美国正式成立电动汽车联盟，成员包括美国能源、电、网、通信等领域十几个知名企业，其技术路线是发展纯电动和增程式混合动力汽车
日本	1965年，日本将电动车研制计划列入国家战略项目。21世纪初，日本政府组织企业、大学科研院所联合推进“清洁能源汽车开发计划”。日本非常重视工业界、学术界和政府部门的密切合作，以实现创新资源的共享，创建了规模庞大的高性能电动汽车动力蓄电池产业联盟，该联盟囊括了丰田、本田、三洋、松下等整车、电机、电池生产企业及京都大学等著名学府、科研机构。技术路线方面，日本政府力求在锂电池、生物燃料等技术方面有所突破
德国	2009年8月，德国政府发布《德国联邦政府国家电动车发展规划》，提出了研发电能储存系统、汽车电网互动及其示范等方面的工作。建立政界、经济界和科技界共同组成的创新联盟是德国产业联盟合作的重要机制，德国建立了覆盖整个产业链的创新联盟，如德国电动车联盟（NPE）和锂离子电池创新技术联盟等。电池技术是电动汽车开发的关键，2007年德国政府制定“高科技战略”，将锂离子电池作为攻坚项目

3. 国内新能源汽车技术创新联盟情况

目前，我国已成立30多个新能源汽车技术创新联盟，以倡导者为划分标准，共有四种类型：一是国家层面成立的联盟——“国家队”；二是各省内成立的联盟——“地方队”；三是行业层面成立的联盟——“行业队”；四是联合国外企业成立的联盟——“国际队”，如表2－8所示，表现出以下特点：一是成员单位涵盖生产企业、科研单位及市场服务单位；二是技术创新联盟的成立得到政府的大力支持；三是大学和科研机构在技术创新联盟中的参与度较高；四是越来越多的非政府组织自发组建联盟，目前成立的联盟中，企业占据主导地位；五是地区性技术创新联盟一般依托当地龙头企业构建，成员单位以当地科研院校、整车零部件企业为主，具有显著的产业集聚特征。

表2-8　国内新能源汽车技术创新联盟情况

层面	代表性联盟	平台简介
国家层面	中央企业电动车产业联盟	2010年8月，由国资委牵头16家央企组成，联盟整合了这些企业的资源，统一产业技术标准，共同研发电动车新技术、新产品、新方案等，全面提升电动车产业整体技术水平和全球竞争力
	电动汽车产业技术创新战略联盟	2010年12月，由科技部批准设立，成员23家，联盟致力于关键共性技术的研究和“产、学、研、用”平台搭建。在经费支持和联盟内部机制进行了探索。自成立以来，联盟积极申报国家相关的科技项目，获得了较多国家科研项目的资助
地方层面	北京新能源汽车产业联盟	2009年3月，以福田汽车为核心，联合北汽控股、北京公交等多家企业发起成立，联盟整合了北京新能源汽车研发、制造、整车及零部件供应等产业链资源，目前，已在新能源关键零部件、整车研发及新能源汽车产业链等领域取得较大突破
	安徽省新能源汽车产业技术创新战略联盟	2010年7月，以江淮汽车、奇瑞新能源、安凯客车等企业为主体，联合中国科学技术大学等23个单位发起成立，联盟整合了整车、核心部件企业及高校科研院所优势资源，全面提升了安徽新能源汽车整车及核心零部件的技术水平
	南海新能源汽车产业技术创新战略联盟	2018年6月，由佛山市政府部门主导，整合本地新能源汽车产业及氢能产业链的20家企业和研究机构发起成立，联盟在新能源汽车和氢能汽车核心部件制造，整车制造装备，产业配套设施和服务等产业重要环节实现资源共享，促进形成了佛山市新能源汽车产业聚集发展

续表

层面	代表性联盟	平台简介
行业层面	电动汽车产业联盟	2009 年 7 月，由中国汽车工业协会发起成立，成员包括上汽、一汽、长安等销售排名前十家企业。联盟聚焦电池、电机、电控系统上，该联盟作用更多的是在技术共享方面
	中国燃料电池汽车技术创新战略联盟	2012 年 1 月，由同济大学发起成立，包括同济大学、清华大学等 7 家高校科研院所及中国一汽等国内 12 家汽车整车及零部件企业。联盟致力于解决国家燃料电池汽车产业发展的技术需求，加快产业化进程
	中国沃特玛新能源汽车创新联盟	2013 年 10 月，由深圳市沃特玛电池有限公司牵头发起，整合了新能源汽车产业链上下游近 200 家核心企业。涵盖了新能源汽车全产业链的原材料、核心零部件、光伏发电储能、整车制造及新能源汽车运营平台、金融服务等资源
国际层面	可持续新能源国际联盟	2010 年 8 月，由 IBM3 家美国企业和福田汽车、大洋电机等 3 家中国企业组成。该联盟是纵向的，成员企业业务基本覆盖新能源汽车产业链每个环节，在产业链的每个环节只有一家企业参与
	新能源核心零部件产业技术创新战略联盟	2014 年 9 月，由德中经济联合会、厦门福工动力技术有限公司、清华大学等单位共同发起成立。该联盟整合国内新能源领域的优势资源，推动核心零部件技术的创新与共享

（二）商业模式创新的经验借鉴

1. 我国新能源汽车企业的运营模式

（1）一体化模式：以比亚迪为代表

这种模式下，新能源汽车企业自成一体，在主要零部件上都有布局，国内主要以比亚迪为代表。比亚迪新能源汽车的电池、电机、电控全部自己研发生产，实现自给自足。由于比亚迪在新能源汽车产业领域的布局较早，当时市场上缺乏质量稳定可靠的新能源汽车关键部件供应商，只能依靠自身实力突破关键技术和零配件的缺失。比亚迪模式的优点表现为：核心零部件自主生产可降低生产成本，快速发展中核心零部件的供应相对较为充足，电池生产、储能、电池回收可以形成一个完整的闭环，具备创新速度的优势，缺点是在一体化模式下，新能源汽车企业介入的产业链较长，管理成本较高；并且随着行业的成熟，专业化分工带来的效率会大幅提升，一体化模式的优势会逐步消失。

（2）行业内垂直整合模式：以宇通和北汽新能源为代表

这种模式下，存在一个实力强劲的新能源汽车企业，依靠自身强大的技术及市场感召力，去垂直整合行业内的零部件厂商。垂直整合模式是传统汽车模式的复制。乘用车行业以北汽为代表，客车行业以宇通为代表，由这些龙头企业依据自身的具体方案和技术要求整合零部件厂商完成。这种模式的优点在于相互分工协作过程可实现规模经济和范围经济，垂直整合依托关键资源展开，形成了投资专属资产，障碍了其他竞争对手的进入；缺点在于整合过程相对较为复杂，协调成本较高。

（3）零部件联盟模式：以沃特玛为代表

零部件联盟模式是中国新能源汽车企业在实践中探索出来的。由动力电池龙头企业沃特玛牵头打造，该模式以沃玛特作为核心、以纯电动汽车运营龙头企业——民富沃能为联结点，围绕“三电”等核心零部件建立协作机制，由整车厂负责提供底盘、整车组装，而联盟负责产品运营、“三电”等核心部件售后服务。当前，中国的整车厂在新能源汽车方面的储备不足，对新能源零部件的技术了解和整合能力还不强，无法应对复杂的售后。因此，零部件联盟模式在一定程度上倒逼着整车企业提升系统集成水平。

2. 我国新能源汽车的推广应用模式

（1）深圳模式：融资租赁和车电分离

该模式由深圳市政府和中国普天合作，共同负责深圳市新能源汽车的运营，其表现形式为“融资租赁、车电分离”。具体做法如下：中国普天出资购买电池，租赁公司出资购买裸车，然后将整车租赁给深圳市公交公司，由深圳市公交公司负责运营，所得收益由三方分成。该模式的优点：一是通过融资租赁，可以分 8 年支付新能源汽车车款，大大缓解了深圳公交公司的资金压力；二是在车电分离中，电池由运营商——中国普天负责购买和维护，专业化运作实现了短期内扩大新能源汽车推广使用的目的。

（2）杭州模式：换电模式和租赁模式

杭州市政府在新能源汽车产业推广和应用领域探索出了“杭州模式”。杭州模式分为“换电”和“租赁”两种模式。“换电”模式可用于新能源汽车出租车、公交车领域，杭州市选择出租车作为试点示范，在示范换电站，借助机械装置，短短几分钟就可将车内电池更换完毕，从而实现与传统燃油车同样的“加油”效果。“租赁”模式是一种新型共享式的推广模式，采用只租不售，分时计费的方式，在机场、车站、商业中心、居民小区建设可充电式立体车库，为用户提供了一种在运营区域内租车的出行方式。

（三）产业政策创新的经验借鉴

1. 国外新能源汽车产业扶持政策要点

美国、日本、德国三个发达国家的政府都高度重视新能源汽车产业的发展，通过立法确定其发展地位，如表 2－9 所示。美国是市场带动型，通过税收优惠、补贴政策培育电动汽车发展；日本是技术领先型，通过关键技术研发提升电动汽车的产业竞争力；德国是创新主导型，通过电动汽车相关技术和商业运营模式的创新来促进产业发展。

表 2-9　国外新能源汽车产业扶持政策要点

国家	政策要点	特点
美国	2009 年 6 月，《美国清洁能源与安全法案》（ACESA）计划 10 年内投资 200 亿美元开发电动汽车相关技术和其他先进机动车技术；2009 年 8 月，投入 24 亿美元对动力电池及其他关键技术提供支持；2010 年美国国会提出《电动汽车发展法案（草案）》，对 5 个试点城市提供电动汽车及其基础设施消费补助	市场带动型
日本	20 世纪 80 年代，日本政府投入超过 200 亿日元用于燃料电池的研发。已形成开发高性能电动汽车动力蓄电池的产业联盟，2009 年，实施“革新型蓄电池尖端科学基础研究专项”项目以解决电池方面的关键技术。2010 年，日本政府发布“下一代汽车战略（2020）”，提出电动汽车核心技术发展的战略思想、战略目标及线路图。到 2020 年，日本政府拟投入 210 亿日元研发用于电动汽车的新型大容量电池，电动汽车续航里程将达到 500 千米	技术领先型
德国	2009 年 8 月，德国政府颁布《国家电动汽车发展计划》，投入近 2 亿欧元支持动力电池的研发。2011 年 10 月，德国经济部和交通部共同开启了针对德国电动汽车产业的“视窗工程”。目前，德国政府通过首部《电动汽车法》，给予电动汽车道路交通特权以推广电动汽车	创新主导型

2. 国内领先省份新能源汽车产业政策要点

目前，广东、安徽、黑龙江、杭州等地出台了新能源汽车高质量发展的实施意见，其政策要点归纳如下：

（1）研发创新能力建设政策

如表 2-10 所示，广州、安徽、黑龙江等地的政策着力点在于搭建创新技术平台、组建产业技术创新联盟、以科技重大专项推动关键核心技术研发；同时，三省均投入重金加大共性关键技术的研发，广东连续三年共投入 9 亿元，安徽单个项目最高补助 3000 万元，黑龙江对获国家级的研发项目最高补助 500 万元，这些做法值得广西借鉴。

表 2-10　研发创新能力建设政策要点

省份	政策要点
广东	加强关键核心技术研发。2018~2020年，统筹安排9亿元，设立重大科技专项，对整车、“三电”系统等关键零部件，动力电池等关键材料予以支持
	建设新能源汽车产业创新平台。2018~2020年，新建9~12家新能源汽车整车、关键零部件创新平台，国家级创新平台按照“一事一议”给予政策支持，对省级创新平台给予建设补助
	组建新能源汽车产业技术创新联盟。推动新能源汽车企业和高校科研院所组成若干产业技术创新联盟，共同开展关键共性技术研发
安徽	实施新能源汽车产业技术创新工程。对共性关键技术研发项目，给予最高50%的补助，最高补助3000万元
	通过整合省内新能源汽车创新资源，设立省级产业创新中心并申报、建设国家产业创新中心
黑龙江	支持高校和科研院所科技成果产业化并积极发展新能源汽车轻量化制造技术
	推动组建电动汽车产业技术创新战略联盟
	对于新能源汽车企业承担国家重大科技项目、工业强基等专项，按照中央额度的10%、最高500万元的标准予以资助
	对生产经济效益、科技成果转化好的企业，给予上一年研发投入的10%、最高300万元研发投入后补助

（2）推动新能源汽车产业规模化、集聚化发展政策

如表2-11所示，广东政策覆盖面较宽，包括支持新能源汽车与互联网、电子信息产业实现融合发展，支持传统燃油车向新能源车转型，推动合资企业加快导入新能源汽车车型；积极布局燃料电池产业；集约发展废旧动力电池梯级利用和回收产业等。安徽和黑龙江则重奖新能源汽车项目的落地，最高奖励分别达到5000万元（安徽）、2500万元（黑龙江），每成功开发一款车型奖励100万元（安徽、黑龙江），每主导制定一个新能源汽车标准，最高奖励200万元（安徽），新能源汽车销售最高奖励1500万元（安徽、黑龙江），这些政策值得广西借鉴。

表 2－11　新能源汽车产业规模化、集聚化发展政策要点

省份	政策要点
广东	支持互联网、电子信息产业与新能源汽车行业实现融合发展；支持传统燃油汽车企业转型新能源汽车；推动合资乘用车企业加快开发和投放新能源乘用车车型
	大力推进氢燃料电池汽车产业化，加大支持氢燃料电池汽车推广应用
	打造集软件、芯片、终端设备等为一体的智能化全产业链体系，加快推进汽车电动化与智能化一体化发展
	做大做强新能源汽车产业集群。引导关键零部件产业集聚，集约发展废旧动力电池梯级利用和回收产业
安徽	重奖落户安徽的新能源汽车企业。对于新设立的跨国公司、国内整车、关键零部件等10强企业，实缴资本达到1亿元人民币或1000万美元以上，认定后，每实缴1亿元或1000万美元给予300万元奖励，奖励最高5000万元
	安徽企业主导制定新能源汽车领域行业标准、国家标准、国际标准，分别给予50万元、100万元、200万元的一次性奖励；每新上1个新能源汽车产品公告的乘用车销售达到2000辆或商用车销售达到100辆，给予100万元的一次性奖励。对列入《汽车动力（蓄）电池行业规范条件》企业目录的企业，给予200万元的一次性奖励
	对本省新能源汽车乘用车、商用车销量占全国销量比重比上一年度增长0.5%及以上的，给予500万元的一次性奖励，连续三年销量环比增长0.5%及以上的，再奖励1000万元。对省内年销售新能源商用车、乘用车分别达到1000辆、10000辆及以上的，分别再给予300万元、500万元的一次性奖励
黑龙江	扩大新能源乘用车、专用车、客车产能
	对投产的新能源汽车整车项目，自有资金的，给予不超过3%补助，最高不超过2000万元；贷款的，给予不超过贷款额度5%的贴息，最高不超过2500万元
	省内企业每新上1个新能源汽车产品公告，商用车、乘用车销量达到100辆、2000辆的，给予100万元一次性奖励
	对省内新能源汽车销量占全国新能源汽车销量比重比上一年度增长0.5%及以上的，给予500万元一次性奖励，连续三年销量环比增长0.5%及以上的，再奖励1000万元

（3）新能源汽车推广应用政策

如表2－12所示，广东、安徽、黑龙江的举措基本相同，包含通过制定时间表在公共服务领域逐步实现新能源汽车更新计划；通过纳入政府集中采购目录支持本地新能源汽车的推广；通过实施新能源汽车专用号牌，在停车、限行、充电费用结算等方面给予支持。以上政策与广西目前出台的政策基本吻合。

表 2-12 新能源汽车推广应用政策要点

省份	政策要点
广东	大力推进新能源汽车在公交、出租、环卫、物流等领域的应用。自 2018 年起，珠三角地区每年更新或新增的巡游出租、网约、市政、通勤、物流等车辆全部使用新能源汽车
	全面实施新能源汽车专用号牌制度。取消对新能源汽车的限牌、限行，制定新能源汽车使用便利性、实惠性的措施
	加强与国家新能源汽车推广应用部门衔接，建设新能源营运车辆监测平台
	统筹安排相关资金对新能源汽车动力电池回收利用试点示范予以支持
安徽	将新能源汽车纳入省级政府集中采购目录。省内新增和更换机要通信用车要求全部配备新能源汽车
	自 2018 年起，一类市、二类市、三类市新增出租车使用新能源汽车的比例分别不低于 100%、50%、30%
黑龙江	在公交、出租、校车、环卫、邮政、公安、物流、景区等领域逐年扩大新能源汽车应用比例
	积极落实国家对购置新能源公交车的补贴政策
	推行新能源汽车专用牌照，允许新能源汽车使用公交专用车道，不受市区单双号通行限制
	鼓励省内汽车及零部件龙头企业与金融机构合作，发展公交车、出租车等新能源汽车融资租赁；支持个人分时租赁、整车租赁纯电动汽车和按揭购买新能源汽车

（4）新能源汽车充电、加氢基础设施建设政策

如表 2-13 所示，广东、安徽、黑龙江等地政策着力点包括充电设施覆盖城外的高速公路网、城中的公共服务场所及居民住宅；保障充电设施建设的土地供应、减少审批环节；制定完善充电设施建设的奖励补贴办法

等。在高速公路网络中嵌入充电基础设施建设，建立本地区统一的充电设施公共信息智能服务平台，促进充电设施互联互通值得广西借鉴。

表 2-13 新能源汽车充电、加氢基础设施建设政策要点

省份	政策要点
广东	到2020年，充电基础设施要能覆盖全省干线高速公路服务区
	加强城市公共充电基础设施建设。鼓励出租车、公交、物流、环卫等企业利用自有停车站场建设集中充电站
	支持用户居住地充电基础设施建设。新建住宅配建停车位必须全部建设充电设施或预留建设安装条件
	要求2018年，建成全省统一的充电设施公共信息智能服务平台并投入运营，以促进充电设施互联互通
	对充电站和加氢站，按公用设施优先安排项目用地并将充电基础设施建设纳入各地节能减排考核体系
安徽	制订充电基础设施建设方案，鼓励社会资本进入新能源汽车充电设施建设领域，逐步推进充电基础设施建设目标
	省内新增高速公路服务区同步配套充电设施
	减少充电基础设施建设项目的审批环节
黑龙江	制定完善省、市财政对充电基础设施建设补贴奖励办法
	重点推动与省电力公司合作规划建设配套充电设施，优先建设公交等公共服务领域充电设施，将充电设施配套电网建设与改造纳入配套电网专项规划

（5）公平服务平台建设政策

如表 2-14 所示，广东、安徽的政策较为全面，涉及建立整车、关键零部件检测平台；建立新能源汽车关键零部件质量控制和追溯机制及维修服务网络，加大动力电池回收、利用和处置能力，建设涵盖整车监测、充电设施、运营管理的新能源汽车公共数据采集与监管中心等。同时，两省对整车检测认证平台建设给予较多财政补助。这些做法值得广西借鉴。

表 2－14　公平服务平台建设政策要点

省份	政策要点
广东	支持提高整车及关键零部件一致性水平，通过积极推广动力电池的编码制度，加快建立关键零部件质量控制和追溯机制
	加快建设整车检测认证平台和关键零部件第三方检测认证中心，分别一次性给予 1000 万元、600 万元的建设补助
	研究氢燃料电池汽车标准体系并制定标准体系规划和路线图，并支持将企业标准和产业技术联盟标准上升为地方标准
安徽	建设涵盖整车监测、充电设施、运营管理等数据采集、分析与监测的省级新能源汽车公共数据采集与监管中心
	建设涵盖检测、研究、认证、标准体系的省级新能源汽车公共检测服务平台，并给予财政资金支持
	鼓励和支持建立新能源汽车维修服务网络，强化其回收废旧动力电池的主体责任，实现全生命周期与全产业链安全管理

（6）鼓励新能源汽车人才培养的政策

如表 2－15 所示，广东、杭州等发达省份非常重视该类政策，着力点包括通过纳入本省市高端人才计划，吸引国际、国内顶尖团队和人才加盟；通过校企合作，大力培养新能源汽车青年科技人才、专业技术人才及高技能人才。

表 2－15　新能源汽车人才培养的政策

省份	政策要点
广东	通过将新能源汽车及其关键零部件列入“广东特支计划”“珠江人才计划”“扬帆计划”等高层次人才计划，大力引进创新团队和顶尖人才
	通过实施新能源汽车青年培养计划，鼓励省内高校科研院所青年科技人才到创新平台工作，鼓励省内高校科研院所与新能源汽车骨干企业合作，对企业主要技术人员进行在职联合培养
	统筹省内理工科高等院校设立新能源汽车相关专业，培养电池、电驱动、车载智能终端等关键部件及整车技术人才。鼓励校企开展订单培养、现代学徒制和岗位技能培训等方式，培养新能源汽车产业发展急需的专业技术人才及高技能人才

续表

省份	政策要点
杭州	实施招才引智工程。重点实施新能源、智能网联等汽车领域人才培育、引进及保障工程，推动汽车与互联网、信息通信等领域人才交流，鼓励企业与高等院校合作开设相关专业，协同培养复合型科技人才、管理人才和高级技工
	深入实施加快推进杭州人才国际化的实施意见，重视引进新能源汽车、智能网联汽车产业领军人才和团队；加大对本市汽车产业高层次人才的培养和选拔力度；支持企业和职业技术院校开展校企合作，加大新能源汽车产业技术工人的培养

五、广西新能源汽车产业高质量发展的对策

（一）加强广西新能源汽车高质量发展目标和总体思路

1. 发展目标

要把新能源汽车产业的发展作为落实《关于推动工业高质量发展的决定》的重要任务来抓，夯实产业发展基础。到2021年（新能源汽车补贴政策完全退出之前），力争实现新能源汽车“三电”系统关键核心技术取得重大突破，关键零配件本地配套率提升至70%，乘用车、商用车、专用车和客车产能合计达30万辆，区内推广应用累计达30万辆以上，区内新能源汽车使用消费环境大幅改善，最终实现新能源汽车与传统燃油车基本相同的国内市场份额和地位。

2. 总体思路

新能源汽车技术创新的着力点是攻克“三电”系统关键共性技术，大幅降低新能源汽车的生产成本，不断提升广西新能源汽车核心技术的竞争力。建议如下：一是贯彻落实广西“南向、北联、东融、西合”的全方位开放新格局，积极对接京津冀、长三角、粤港澳及国外创新资源，共建新

能源汽车创新平台；二是依托广西自然资源禀赋优势，在动力电池、储能电池、电机电控等核心零部件研发上力争有所突破；三是积极开展新能源汽车整车、车联网、桩联网等方面的研究。

商业模式创新的着力点在于加快广西新能源汽车的推广，促进新能源汽车产业集聚化、规模化发展。结合广西工业高质量发展的任务和要求，建议如下：一是采用强龙头、补链条、聚集群的发展思路，大力促进广西新能源汽车集聚化、规模化发展；二是立足广西，推动新能源汽车“行业内垂直整合”，辐射区外，构建新能源汽车“零部件联盟”，积极探索新能源汽车产业“代工”模式，实现广西新能源汽车产业能够立稳广西，走向世界；三是大力推广新能源乘用车“柳州模式”，在公共服务领域应用融资租赁模式，在私人应用领域探索换电和租赁模式。

产业政策创新的着力点在于为攻克共性关键技术提供支撑，为产业发展营造良好环境。结合当前国家层面颁布的相关产业政策和全区工业高质量发展的任务和要求，建议如下：一是梳理现有政策体系，划清政府和市场的界限，既要发挥市场的决定性作用，也要更好地发挥政府作用；二是建议征集和梳理广西新能源汽车产业共性、关键、前沿技术，设定技术路线图和重大专项项目，推动建立自治区新能源汽车技术创新平台，优化财政资金支持方式，加大财政资金支持力度，夯实核心技术突破的强支撑；三是加强新能源汽车充电基础设施建设和公共服务平台建设、聚拢自治区内外的新能源汽车创新人才、加快落实新能源汽车推广应用政策，为产业发展营造良好的环境。

（二）加强广西新能源汽车技术创新的对策

1. 对接外部资源，共建创新平台

一是要吸引国际、国内知名新能源汽车科研机构在广西单独建立分支

机构或者与广西本土企业、高校科研院所共建联合研究中心、创新中心等研发、成果转化机构。可重点考虑引入同济大学新能源汽车工程中心、北京理工大学电动车辆国家工程实验室以及日本、加拿大等燃料电池生产企业或研发机构入桂设立分支机构。

二是依托具有较强创新能力的广西新能源整车龙头企业，对接外部创新资源，建设自治区级新能源汽车重点研发平台。可重点考虑围绕上汽通用五菱、广西申龙汽车、广西华奥汽车等龙头企业建设3～5家电池、电机、电控等新能源汽车核心零部件或整车研发平台，重点扶持上汽通用五菱打造国家级新能源汽车研发平台。

三是以自治区级新能源汽车重点研发平台为依托，协同上下游企业、高校和科研院所资源，围绕整车系统集成与零部件等技术攻关，组建3～5个具有本土特色的新能源汽车技术创新联盟，组织开展新能源汽车技术研究与产品开发。具体来说，可依托上汽通用五菱等龙头企业，横向依托同济大学、北京理工大学、广西大学、广西科技大学等产学研资源，纵向整合联合电子、上海卡耐新能源等优质零部件企业组建自治区级新能源汽车创新联盟。同时，积极推动上汽通用五菱、广西科技大学等自治区新能源汽车企业、高校科研院所加入全国性、行业性及国际层面的产业技术创新联盟，提升广西新能源汽车产业核心技术水平。

2. 锚定自身禀赋，力求技术突破

一是开展纯电动汽车整车重大技术攻关。设立广西新能源汽车创新发展的一些关键、重大、前沿技术专项，由自治区级新能源汽车重点企业研究院主持，围绕“轻量化、智能化、网联化、电动化”四大方向，构建以轻量化、纯电动、智能网联汽车关键技术为核心的技术平台，并迭代开发重点突破整车集成技术、动力电池技术、电驱动技术、智能网联技术。

二是在动力电池等核心零部件研发上力争有所突破。要充分依托广西有色金属资源的优势，在锰酸锂、三元锂、固态锂等动力电池、储能电池的研发方面实现突破。重点支持高能量密度动力电池和大功率电容器研发，强化动力电池及电池组优化设计和工艺创新，推动整合桂林矿地院、桂林电器科学研究院等机构的正极材料、负极材料、电解液等领域研究成果，力争在动力电池研究领域取得重大突破；为实现新能源汽车产业发展与能源革命的结合，要大力探索储能电池研发与应用，储能电池的产业化将成为新能源汽车发展的一个重要风口；积极关注燃料电池汽车发展动态，积极引进和培育一批企业开展燃料电池关键技术攻关、系统集成和产品开发，加快信息化、智能化技术在整车上的应用。

三是重点抓好一批动力电池的重大项目。钦州市主要抓好50亿安时锂离子动力电池及10万套新能源车用电源系统产业化项目的建设，快速提升新能源关键零部件的开发能力；崇左市加快锂离子动力电池及镍钴锰酸锂三元材料产业化等项目建设，为全区新能源汽车产业发展提供配套服务；南宁市加快引进加拿大巴拉德动力系统公司的氢燃料电池技术，建设生产和研发基地并为氢燃料汽车提供动力系统的技术支持和产品；来宾市加快建设钛酸锂动力电池项目生产线；推动广西大锰加快投资建设五条动力电池生产线。

（三）加强广西新能源汽车商业模式创新的对策

1. 强龙头、补链条、聚集群，开启产业发展新思路

（1）着力强龙头，挺直新能源汽车产业“主干”

在新能源汽车的“产业树”中，龙头企业是“主干”，担当着广西新能源汽车产业发展的重任。要重点实施新能源汽车龙头企业的“扶引育”工程，对于上汽通用五菱、广西申龙汽车、广西华奥汽车、玉柴专用车等新能源整车企业要在政策上扶持其做大做强，重点帮扶其提升技术实力、

增强产品竞争能力、向自治区外拓展市场空间；坚决贯彻落实工业招商三年行动计划，引入宁德时代、大洋电机、上海电驱动等关键零部件龙头企业在广西本地投资建厂，借助中日和平友好条约缔结40周年的机会，引入日本燃料电池生产厂商，积极布局燃料电池领域；依托传统燃油车的产业基础，重点培育本土传统燃油车配套企业向新能源汽车零部件企业转型。

（2）着力补链条，伸展新能源汽车产业“枝叶”

在新能源汽车的“产业树”中，枝繁叶茂才能提供能量，增强新能源汽车产业发展的动力。重点实施新能源汽车产业的“补链延链强链”计划，围绕现有的上汽通用五菱、广西申龙汽车、广西华奥汽车、玉柴专用车等龙头企业以及引入的整车、关键零部件龙头企业，着力实施“补链”计划，在动力电池、电机、电控等关键零部件上实现本土配套；着力实施“延链”计划，在充电设备、智能网联软硬件设备、新能源汽车金融保险等领域积极探索新模式；着力实施“强链”计划，推动广西新能源汽车链条企业组成技术联盟，优化整合资源，打造特色鲜明、布局合理、链条完备、结构优化及效益明显的新能源汽车产业链。推动广西新能源汽车产业迈向价值链的中高端，从而实现全产业链发展，伸展新能源汽车产业“枝叶”。

（3）着力聚集群，繁茂新能源汽车产业“森林”

在新能源汽车的“产业林”中，集聚、抱团发展才可以降低成本、凸显特色，增强产业的竞争能力。要积极推动落实《广西壮族自治区新能源汽车产业发展“十三五”规划》，高标准制定并完善新能源汽车产业集群发展指导性意见，明确柳州、南宁、贵港、玉林、桂林等地新能源汽车产业集群主攻方向，抓好新能源汽车产业园区建设，切实提升服务意识和服务水平，推动项目集聚、产业集群、要素集约，形成新能源汽车龙头企业顶天立地，配套企业铺天盖地的局面，繁茂新能源汽车产业之林。

2. 内整合、外联盟、引代工，探索企业发展新征程

由于广西新能源汽车产业起步较晚，关键核心技术研发不足，前述新能源汽车企业运营模式中的“一体化模式”并不适合当前广西新能源汽车企业的发展，“行业内垂直整合”模式和“零部件联盟”模式则具有一定借鉴价值。要加快推动新能源汽车龙头企业在本土完成垂直整合，实现产业集聚化、规模化发展；加快推动新能源汽车龙头企业与区外资源构建“零部件联盟”；积极探索新能源汽车企业“代工”模式，实现广西新能源汽车“走出去”的目标。

（1）立足广西，推动新能源汽车“行业内垂直整合”

基于在传统燃油车领域积累的经验，立足广西本土传统汽车创新资源，在实施广西新能源汽车“补链延链强链”计划时，借鉴技术创新联盟的形式，进行“行业内垂直整合”。具体来说，围绕打造具有品牌竞争优势的车型为中心，由整车生产企业牵头本土联盟企业打造一个集核心技术设计研发、关键零部件生产制造、整车组装、品牌推广与营销、充电设施生产与安装、汽车金融与保险、车辆检测与信息共享、动力电池回收与利用为一体的全产业链。如上汽通用五菱的 E100、E200 作为开发成功的爆款车型，可采用“行业内垂直整合”模式，在产业链上引入零部件龙头企业加入，整合各方优势，实现品牌打造和核心竞争力的提升。

（2）辐射区外，构建新能源汽车“零部件联盟”

如前文所述，我国新能源汽车市场存在较为严重的地方保护主义问题，广西新能源汽车要走出去，必然面临诸多障碍。沃玛特主导的“零部件联盟”模式为我们提供了很好的思路，通过吸引目标市场新能源汽车产业链上的资源加入“零部件联盟”，找到合作多方的利益共同点，可实现广西新能源汽车龙头企业“走出去”的目标。具体来说，可以依托上汽通

用五菱、广西申龙、广西华奥等龙头企业，组成区域性[1]的“零部件联盟”，联盟成员可考虑目标市场在技术设计研发、关键零部件生产制造、整车组装、品牌推广与营销、充电设施生产与安装、汽车金融与保险、车辆检测与信息共享、动力电池回收与利用等各链条上的资源，在掌握品牌控制权的前提下，实现“广西品牌”新能源汽车的输出。充分抓住东盟各国新能源汽车产业薄弱及其支持新能源汽车产业发展的大好契机，借助双方组织的汽车产业交流平台，大力宣传广西新能源汽车品牌和推广经验，积极推动上汽通用五菱、东风柳汽等新能源汽车车型布局东盟市场。

（3）积极探索新能源汽车“代工”模式

当前，新能源汽车产业出现一种新的发展模式——“代工”。这一模式在传统燃油车生产能力过剩、新能源车个性化需求日渐兴盛背景下具有重要的社会意义和实践价值。一些新能源汽车新势力依靠代工而崛起，如2014年成立的凯翼汽车牵手奇瑞，2015年成立的蔚来汽车选择由江淮汽车代工，乐视超级汽车由阿斯顿·马丁代工，比亚迪—戴姆勒、百度等企业也纷纷以“代工”模式进入造车领域。“代工”模式为广西新能源汽车的发展提供了机会。一方面，可以依托柳州传统汽车深厚的积淀，积极探索为一些新能源造车新势力代工，避免未来几年广西传统汽车产业的下滑；另一方面，充分利用新能源汽车产业积累的大数据，积极探索新能源汽车个性化需求和模块化生产的融合。

3. 内总结、外借鉴、融内外，开创品牌推广新天地

当前，新能源汽车的续航能力、充电时间以及电池安全等问题一直被消费者所诟病，在消费潜力巨大的三线及以下城市，没有政府的大力扶持，新能源汽车还无法成为消费者的首选。为此，既要总结提炼推广“柳

① 可选择某一省份、几个省份或面向东盟。

州模式”，也要借鉴“深圳模式”“杭州模式”的成功经验，实现自治区内外新能源汽车推广经验的融合，不断丰富广西新能源汽车推广应用创新的实践。

第一，鼓励在私人应用领域尝试车电分离的销售模式。新能源汽车动力电池更换成本高昂（40%左右）且动力电池会不断衰竭，成为消费者购买新能源汽车的一大痛点，采取车电分离销售模式可解决该问题。具体来说，消费者仅购买新能源汽车的裸车，动力电池可采取融资租赁或者使用一段时间后可以旧换新，这样便可以降低新能源汽车的初始购买成本。随着动力电池性能的不断提升，其价格也在不断下降，为实现以时间换空间提供了操作的可能性。

第二，鼓励在公共服务领域应用融资租赁模式。借鉴深圳市在公交公司新能源汽车运用中的“融资租赁、车电分离”模式，在公共服务领域大力推广融资租赁。一方面，鼓励公交车、出租车、公务用车等实施新能源汽车融资租赁运营模式，并鼓励和支持社会资本进入新能源汽车整车租赁、分时租赁、电池租赁和回收等服务领域；另一方面，鼓励银行业金融机构、汽车金融公司创新金融产品以满足新能源汽车生产、经营、消费等各环节融资需求。在降低公共服务领域资金压力的同时，实现短期内扩大新能源汽车推广使用规模的目标。

第三，在私人应用领域探索换电和租赁模式。借鉴杭州市在出租车等公共服务领域应用的换电和租赁模式，建议以上汽通用五菱 E100、E200 的推广应用为突破口，在私人应用领域探索换电和租赁模式。这与杭州在公共服务领域的应用有所不同，具体做法：一是由上汽通用五菱在研发设计环节上解决换电便利性的问题，确保 3 ~5 分钟内完成换电的过程；二是引入社会资本投资建设充、换电站，可考虑采用与加油站一样的运营模式；三是引入社会资本作为充、换电站的运营商，该运营商通过与上海卡耐等动力电池生产企业合作成立公司负责运营管理动力电力的充、换电过程，运营的动力电池可从生产企业采购。

以上商业模式创新具有如下优点：一是新能源汽车销售时，实现车电分离，可以降低初始的购买价格，刺激销售；二是由集中的运营商负责充、换电，减弱了充电桩不足的不利影响；三是催生了充、换电业务，运营商可通过制定高于个人充电价格的方法，弥补动力电池运营的成本；四是对于购买者来说，不断衰减的动力电池容量、高昂的换购电池成本以及不便的充电设施和漫长的充电时间可得以解决，实现与传统燃油车同样的使用便利；五是通过专业化运营、快速充电，既可以保证充电的快捷、安全，也可以通过信息平台的搭建，实现新能源汽车动力电池的循环回收、梯度使用。

（四）加强广西新能源汽车产业政策创新的对策

1. 重引导、搭平台、优配置，夯实技术突破强支撑

（1）注重对新能源汽车产业发展的引导

借鉴广州等地的政策要点，建议如下：一是由自治区科技厅设计广西新能源汽车共性关键技术的路线图（广东做法），支持企业联合区内外科研机构按照技术路线图申报自治区级、国家级新能源汽车研发项目或开展产品、技术的设计研发；二是由自治区工业和信息化厅制订专门的广西新能源汽车产业链及产业集群发展方案，做好新能源汽车产业发展的布局；三是支持新能源汽车与互联网、电子信息等产业的融合发展，支持现有传统燃油车企业向新能源汽车转型（广东做法）。

（2）推动搭建新能源汽车技术创新平台

借鉴美国、日本等国及广东、安徽等省份实践，由政府推动建立新能源汽车技术创新平台。具体来说，由自治区科技厅组织各新能源汽车龙头

企业组建新能源汽车创新技术平台（广东做法），由自治区科技厅会同自治区发展改革委、工业和信息化厅组织各新能源汽车龙头企业成立自治区层面的新能源汽车技术创新联盟。

（3）优化新能源汽车产业资金投入相关政策

新能源汽车补贴退出后，未来对新能源汽车产业的支持将主要聚焦前端的研发环节和后端的使用环境。在共性关键技术研发方面，广东连续三年安排9亿元，单个研发项目过千万元，在推动新能源汽车项目落地方面，安徽和黑龙江最高奖励分别达到5000万元、2500万元；对于新能源汽车销售方面，安徽和黑龙江也给出最高1500万元的重奖。广西务必要加大新能源汽车的资金支持力度：一要大力整合优化新能源汽车产业发展资金，以技术创新平台补助、研发后补贴、科技重大专项等形式推动关键核心技术的研发；二要继续支持广西新能源汽车产品的开发和销售；三要出台新能源汽车项目投产奖励政策，引导新能源汽车项目加快落地。

2. 强基础、聚人才、重落实，营造产业发展好环境

（1）加强新能源汽车充电基础设施建设和公共服务平台建设

借鉴广州、安徽、黑龙江等省加强新能源汽车充电基础设施建设政策要点，建议如下：一是完善充电基础设施建设规划，构筑一个覆盖城外的高速公路网（广东和安徽做法）、城中的公共服务场所及居民住宅的充电网络，建立本地区统一的充电设施公共信息智能服务平台，推动电网企业、充电设施制造商、充电运营服务商、新能源汽车制造商、科研机构、信息通信服务商、第三方机构等纳入联盟，引领新能源汽车充电设施的统一建设、技术创新和商业模式创新，促进整个新能源充电市场有序发展，实现全区充电设施互联互通（广东做法）；二是坚决破除充电基础设施建设存在的障碍，建立部门协作工作机制——联席会议制度。由自治区发改委牵头、自治区工业和信息化厅、财政厅、国土资源厅、住房城乡建设

厅、交通运输厅、广西电网公司、广西交通投资集团等单位、部门紧密配合的协同推进机制，明确职责分工，围绕工作目标，制定有效工作措施；制定完善充电设施建设的奖励补贴办法（安徽和黑龙江做法），探索制定完善加氢站设计、建设、运营的建设标准和管理体制（广东做法）。

借鉴广东、安徽建设新能源汽车公平服务平台的政策要点，建议如下：一是推动建立新能源汽车整车、关键零部件的检测平台（广东、安徽做法）；二是推动建立新能源汽车关键零部件质量控制和追溯机制（广东做法）；三是推动建立新能源汽车维修服务网络，加大动力电池回收、利用和处置能力，实现新能源汽车全生命周期、全产业链的安全管理（安徽做法）；四是推动建设涵盖整车监测、充电设施、运营管理的新能源汽车公共数据采集与监管中心等（安徽做法）。

（2）聚拢自治区内外的新能源汽车创新人才

要牢固树立人才第一的思想，积极引入新能源汽车产业领域的国内外优秀领军人才和技术团队，引导企业建立科学合理的薪酬制度和完善的人才激励政策，建立产学研合作机制，加强新能源汽车专业创新人才的培养力度，按照自愿为主、双向选择原则，组织自治区内高校科研院所的青年科技人才到重点企业研究院工作，以推动纯电动汽车、动力电池等领域青年科学家人才的培养，鼓励广西新能源汽车企业、高校、科研院所积极对接发达地区的高端研发技术人才，实现研发人才资源的共享。

具体来说，可借鉴广东、杭州新能源汽车人才队伍建设政策要点，将高端新能源汽车人才纳入“八桂学者”“广西十百千人才工程”项目，积极引入新能源汽车共性关键技术方面的国内顶尖团队和人才（广东、杭州做法）；鼓励广西大学、广西科技大学等高校设立新能源汽车专业或者整合传统汽车学院现有的动力电池、驱动电机、通信、网络等专业老师，改造提升现有专业，逐步开设新能源汽车相关专业，支持新能源车企的工程技术人员积极参与到人才培养中来。大力开展新能源汽车领域的产学研合作，支持企业通过顾问指导、短期兼职、项目合作等方式，柔性引进高端人才，通过引进一批“带项目、带技术、带资金”的科技领军人才，实现“以产聚才、以才强产”，并通过上下游产业集聚，打造与产业发展相匹配的“领军人才链”，推动人才集聚与产业培育联动发展。

（3）加快落实新能源汽车推广应用政策

广西在新能源汽车推广应用方面已经出台较多政策，关键问题在于落实较慢，建议如下：一是加大督察力度，推动在公交、出租等公共服务领域加快实施新能源汽车更新计划以及推动各设区市加大推广应用新能源汽车的力度。对比当前广东的深圳、广州、珠海等市公交车100%纯电动化，巡游出租车基本实现纯电动化等目标，广西各市在公共服务领域（公交、巡游出租车、网约车、环卫、市政、通勤、物流等）的新能源汽车推广仍有较大提升空间。二是积极沟通协调，推动区内新能源汽车市场的有效统一。建议由自治区统筹协调或柳州、南宁、贵港、桂林等市牵头推动新能源汽车市场的合作与互动，例如：以市场互换的方式为南宁申龙客车在柳州销售以及柳州产乘用车、专用车在南宁销售创造有利条件；采取税收分成、GDP计算分成等方式，推动柳州、南宁、贵港等地新能源汽车在区内其他各市的销售。

六、结束语

广西新能源汽车高质量发展既是新的历史发展机遇，也是广西传统汽车优势面临严峻挑战的必然选择。尽管当前新能源汽车产业还面临着诸多问题，但石化资源终将耗尽，能源革命将与新能源汽车产业的发展有机结合，大趋势已经到来，容不得我们犹豫和迟疑。随着国家产业政策的调整，新能源汽车产业从“政策推动型”最终会转向“市场主导型”（或“创新主导型”），广西新能源汽车产业务必要抢抓机遇，在技术创新、商业模式创新、产业政策创新等方面做出努力，探索一条广西特色的新能源汽车高质量发展之路。

参考文献

［1］侯刚．广西新能源汽车发展 SWOT 分析［J］．装备制造技术，2011（08）：1－5.

［2］广西壮族自治区人民政府办公厅．广西壮族自治区人民政府办公厅关于加快新能源汽车推广应用的实施意见［N］．广西壮族自治区人民政府公报，2015（15）．

［3］柳州市工业和信息化委员会．柳州市新能源汽车推广应用的实施方案［R］．2016.

［4］任林洁．郑州市新能源汽车发展现状与对策研究［J］．汽车工程师，2011（12）：21－24.

［5］张贵群，张欣．新能源汽车产业发展面临的路径依赖及其破解［J］．工业技术经济，2014（02）：75－80.

［6］王秀杰，陈轶嵩，徐建全．我国新能源汽车产业化发展问题及对策研究［J］．科技管理研究，2012（11）：29－35.

［7］安海彦．我国新能源汽车产业政策解读及对策建议［J］．科技管理研究，2012（10）：29－32.

［8］陈翌，孔德洋．德国新能源汽车产业政策及其启示［J］．德国研

究，2014（01）：71－81.

［9］柳州市人民政府．推进新能源汽车产业发展的若干意见［R］．2016.10.

［10］广西壮族自治区人民政府．广西新能源汽车产业发展“十三五”规划［R］．2017.2.

［11］王宏起等．新能源汽车创新生态系统演进机理——基于比亚迪新能源汽车的案例研究［J］．中国软科学，2016（04）：81－94.

［12］刘颖琦，王静宇，KokkoAri．产业联盟中知识转移、技术创新对中国新能源汽车产业发展的影响［J］．中国软科学，2016（05）：1－11.

［13］广东省人民政府公报．广东省人民政府关于加快新能源汽车产业创新发展的意见［R］．2018.

［14］支持新能源汽车产业创新发展和推广应用若干政策［R］．2017.

［15］支持新能源汽车发展若干措施［R］．2018.

［16］樊彦芳．广西地区新能源汽车产业政策分析［J］．天津科技，2018（08）：5－6.

［17］楚天琳．产业技术联盟中政府作用机制研究［D］．长春：吉林大学，2013.

［18］李旭东．中国电动车运营商业模式研究［N］．企业导报，2013－04－01.

第三篇　创新驱动战略下柳州汽车产业东盟市场开拓策略研究[①]

① 本部分内容得到柳州市 2019 ~2020 年哲学社会科学重点课题资助。

一、引言

汽车制造业是衡量一个国家工业化水平、经济实力和科技创新能力的重要指标，一个国家汽车产业的国际地位基本可以代表这个国家制造业在国际上的总体地位。近年来，汽车已成为广西产值排名第三的支柱性产业，柳州汽车产业高速发展，更是以年产 250 余万辆、全国 9% 的比重，成为名副其实的汽车之城。柳州汽车产业的稳步发展，对加快推动柳州工业化后期进程、推动柳州先进制造业的创新发展、推动消费升级和经济社会高质量发展发挥了不可替代的作用。

在连续多年快速增长后，我国国内汽车总产能已经远大于市场需求，国内市场增长压力凸显，2018 年、2019 年，柳州汽车产量分别为 214.35 万辆、185 万辆，同比下滑 12.8%、13.7%，明显大于全国汽车产量 4.2%、7.5% 的平均下降水平，迫切需要加大柳州汽车产业创新驱动发展和国际化发展的步伐，推动柳州汽车工业由大变强，实现高质量发展的目标。东盟与我国签订了自贸区协定，在地理上与柳州市相毗邻，其经济发展水平催生了对低价小型车的需求，正好与当前柳州汽车产品的现状相匹配。加快推进汽车产业走向东盟市场已成为柳州汽车产业高质量发展的重要内容。广西工业主管部门将推动汽车等产业开拓东盟市场作为未来的重点工作。本课题的研究不仅可以直接为柳州及广西工业主管部门提供决策依据，也对全国其他省市车企的东盟布局具有重要的参考价值。

二、东盟汽车市场概况及创新驱动开拓策略

东盟包括印度尼西亚、泰国、马来西亚、新加坡、文莱、老挝、柬埔寨、越南、菲律宾、缅甸十国，总面积约449万平方千米，人口约6.5亿，目前已发展成为仅次于欧盟、北美的第三大自由贸易区。2019年，东盟汽车保有量已达4000万辆以上。随着东盟大部分国家人均GDP迈入3000美元大关，东盟地区汽车保有量将成倍增长。

（一）东盟主要汽车生产国基本情况

目前，东盟汽车生产国主要有泰国、马来西亚、印度尼西亚和菲律宾，其基本情况如表3-1所示。

表3-1　东盟主要汽车生产国基本情况

国家	基本情况
泰国	东南亚最成熟的汽车市场，东盟唯一的汽车出口国，国内汽车产量高于销量。以日系车企为中心，日系车企在泰国建立了最高水平的供应链。丰田、五十铃、通用、福特、三菱、日产将泰国作为重要生产基地，生产制造的汽车类别涵盖乘用车和部分轻型商用车。目前，宝马、丰田在泰国也在加紧布局新能源汽车
马来西亚	东盟唯一拥有自主品牌的国家。目前，拥有宝腾、派洛多、纳莎三家国内民族汽车公司。宝腾是一家和英国Lotus及日本三菱合作，马来西亚国家石油公司是最大股东的国有控股公司；派洛多公司是一家私有公司，主要和日本的大发公司合作；纳莎是一家私有公司，建立了具备一定规模的汽车装配生产线
印度尼西亚	人口众多及汽车拥有量低，是东盟最大的汽车市场，汽车销售有可能在未来三年居亚洲第三。基本上以组装为主，当地企业与跨国（主要是日本）汽车制造商合作；当地汽车制造商的生产规模无法实现规模经济，印度尼西亚当地最大的汽车制造商是PT Astra International，其他的国内制造商还有Indomobil和Krama

续表

国家	基本情况
菲律宾	国内汽车制造业发展较为缓慢，国民消费习惯偏重于二手车。日本的丰田、五十铃以及美国福特等汽车厂商均在菲律宾设有生产制造基地，皮尤研究中心 2014 年的数据表明，菲律宾只有 6% 的家庭拥有汽车；2017 ~ 2021 年菲律宾的汽车产量将增长 300%，达到 35.9 万辆
越南	与泰国、马来西亚等汽车产业较发达的区域相比，越南的汽车工业还处于初级阶段。拥有整车制造企业为 20 余家，零部件制造企业较少。2020 年越南政府已将国内汽车产量提高到年产 20 万辆以上；较受欢迎的汽车品牌包括本土品牌——长海汽车以及日系丰田、本田和美系福特等品牌
缅甸	主要消费是二手车，其中绝大多数来自日本。在缅甸 54 万辆自用小客车中有约九成为日本二手车，2016 年进口高达 12 万辆日本二手车。缅甸政府为了促进本土汽车生产，2017 年出台限制二手车进口的强硬手段

（二）东盟汽车市场特点

1. 汽车市场发展不均衡

东盟各国之间的经济发展极其不平衡，既有新加坡等发达国家，也有老挝、柬埔寨等欠发展地区，汽车市场也表现出较大的不均衡现象。如表 3 –2 所示，按汽车市场规模以及生产能力划分，主要包括四种类型的市场。

表 3 –2　东盟汽车市场类型

国家类型	特点
高购买力高需求市场	包括印度尼西亚、泰国、马来西亚三国。该市场面积较大，国家人口较多，汽车产业发展基础相对较好。近年来，随着该市场国家人均 GDP 不断提高，其汽车市场规模也在迅速成长。同时，该地区汽车工业也具备较强的生产能力，其中，泰国是东盟地区最主要的汽车生产国和出口国

续表

国家类型	特点
高购买力低需求市场	包括新加坡、文莱两国。这两个国家是世界上较发达的地区，其人均 GDP 比较高，但汽车产业需求量却处于较低水平，主要因为这两个国家国土面积较小，汽车产业发展的基础条件比较有限，为了应对较为拥挤的交通情况，这两个国家出台了较多的汽车购买及使用方面的限制政策，抑制了汽车产业需求的释放
中购买力中需求市场	包括菲律宾和越南两国。这两个国家的人均 GDP 相对较低，不足 3000 美元。汽车市场基础起步较晚，发展基础较弱，但由于经济发展充满活力，人口基数较大，未来汽车市场发展的潜力也比较大
低购买力低需求市场	包括柬埔寨、缅甸及老挝三国。这三国的国土面积相对较大，但由于经济发展落后，汽车工业基础非常薄弱，基本没有建立本国的汽车工业体系。与其他国家相比，人均收入水平比较低，汽车需求相对较小。目前，汽车需求主要由进口二手车来替代完成

2. 汽车市场呈现多样性

一是受历史因素影响，东盟地区分为左、右舵两个市场。菲律宾、越南、老挝、柬埔寨、缅甸 5 国曾为美国、法国的殖民地，受其影响较大，逐渐形成了左舵市场；马来西亚、文莱、印度尼西亚、泰国、新加坡以前为英国殖民地，受英国影响比较大，逐步发展成为右舵市场。

二是汽车市场偏好差异。总体来说，目前受人均收入水平较低的限制，东盟地区的需求主要以低价小型车为主。同时，东盟主要国家出台了一系列鼓励购买经济型、环保型小型汽车相关政策，如印度尼西亚的 LCGC 政策以及泰国的“首次购车计划”等，对于购买小排量/环保车型给予补贴政策。并且，由于东盟地区每个国家消费者的偏好车型不同，基本不存在销量较大的爆款车型，如在泰国，皮卡车在广大农村地区人气较高，1 吨载重量的皮卡车市场占有率在 60%；以成人移动方便性为目的的

MPV 车型在印度尼西亚、菲律宾比较流行；马来西亚和越南的三厢轿车比较有人气。可见，各国对车型的喜好差别很大。

三是东盟各国对汽车市场管理差异较大。目前，在汽车市场准入管理制度、汽车技术法规体系方面，各国的差距表现较大。例如：在汽车排放控制方面，缅甸、柬埔寨等国家才刚刚进入欧Ⅱ阶段，而新加坡已跨入欧Ⅳ的排放标准；在汽车产品税费政策，各国之间差距也相对较大，在新加坡等国，由于是国际著名的自由港，汽车产品的进口实施零关税政策，而越南和菲律宾等国，则对进口的汽车产品征收不同程度的税费。

3. 日系车主导、区域内消化型结构为主

目前，从东盟市场各厂家份额来看，份额排名靠前的基本上是日系车企（丰田、日产、三菱、本田名列前茅）；在主要的东盟 5 个国家市场中，日系汽车占比在 80% 以上。同时，由于政策的限制，东盟的市场属于区域内消化型结构，呈现出汽车销量增长与区域内汽车产量增长有密切关系，汽车进口量不到该区域销量的 10%，汽车出口量也没超过产量的 20%。

（三）东盟汽车市场的机遇

越来越多的研究机构看好东盟汽车市场发展前景。美国调查公司 Frost & Sullivan 认为，东盟地区将超过日本成为世界第五大汽车市场。根据波士顿咨询公司（GCG）发布的《全球汽车行业最后的增长机会的研究报告》提到，东盟是当前最有增长潜力的三个地区之一。

1. 东盟地区经济快速发展

经济发展水平是汽车产业提升的关键成功因素。汽车千人保有量将随人均 GDP 的增长不断上升。如表 3 – 3 所示，2018 年，东盟地区中，有 6 个国家的人均 GDP 超过 3000 美元。越南和老挝接近 3000 美元，在东盟各国经济快速增长下，将产生一批中产阶级，随着中产阶级生活水平的提升，必然带来生活改善型需求的快速扩张，进而带动汽车等大件物品的消费。

表3-3　2018年东盟各国人均GDP　　单位：万人，美元

国家	人口	人均GDP	国家	人口	人均GDP
新加坡	564	6.4	菲律宾	10200	0.31
文莱	42	3.2	越南	9270	0.26
泰国	6904	0.73	缅甸	5288	0.13
印度尼西亚	26200	0.39	柬埔寨	1500	0.15
马来西亚	3266	1.1	老挝	706	0.26

2. 汽车产品供给日趋丰富

世界各国汽车厂商越来越重视具有潜力的东盟市场，丰田、日产、本田等日本整车企业纷纷加大扩充东盟汽车工厂产能的步伐，并不断投放满足东盟市场消费者需求的一些产品，欧美国家的车企也后来居上，如德国宝马在泰国工厂开始尝试以CKD形式组装MINI车型，法国标致也加剧了在越南的扩张。我国的上汽通用五菱、吉利和长城也通过直接投资或者股权合作等方式开拓东盟市场。随着各国汽车厂商东盟市场本地化生产的不断投放，市场竞争越来越激烈，必然带来汽车售价的下降，进一步刺激东盟市场汽车需求的增长。

3. 汽车使用环境未来仍将继续改善

一是东盟地区道路环境等条件逐步完善。当前，东盟地区公路铺装率已达60%以上。在汽车市场发展较好的印度尼西亚、泰国、马来西亚等国家的公路铺装率已达80%以上。不断完善的道路条件，为汽车使用提供了良好的基础设施保障。二是东盟各国汽车产业政策逐步走向统一。东盟各

国将逐步实现东盟经济一体化，废除汽车贸易的技术壁垒，并逐步加强成员国之间汽车产品安全法规和技术标准的统一。三是东盟各国出台了一系列支持汽车产业发展的政策。当前，大部分东盟国家通过推行税收优惠、出台消费信贷等政策，支持和鼓励汽车产业的投资和消费。

4. 东盟汽车市场对中国企业友好度提升

在当前的东盟市场中，日本汽车的市场占有率达80%以上，美国及韩国汽车的销量呈逐年下滑趋势，一些东盟主要市场国家期望能够打破这一垄断局面。中国商务部的研究信息显示，在人口占比和市场潜力最大的印度尼西亚市场，政府及产业界对中国汽车企业在印度尼西亚投资设厂是非常支持的，希望通过引进中国车企，打破日本汽车“独霸东盟”的局面。

（四）东盟汽车市场创新驱动开拓策略

当前，在迈向汽车产业高质量发展进程中，创新是第一动力。鉴于东盟汽车市场多元化的需求和日系车的垄断地位，东盟市场的开拓需要在技术创新、商业模式创新以及扶持政策创新等方面上下功夫，不能简单复制在中国市场成功的经验。本书认为，柳州汽车产业东盟市场开拓策略应包含技术创新、商业模式创新和政策创新三个方面，其中，技术创新包括开发面向东盟市场特征的产品以及组建技术创新联盟；商业模式创新包括东盟市场的开拓模式、东盟合作伙伴及开拓方式的选择等；扶持政策创新包括政府间沟通、协会商会等民间交流等。本书主要从三个方面探索柳州汽车产业东盟市场开拓策略体系。如图3－1所示。

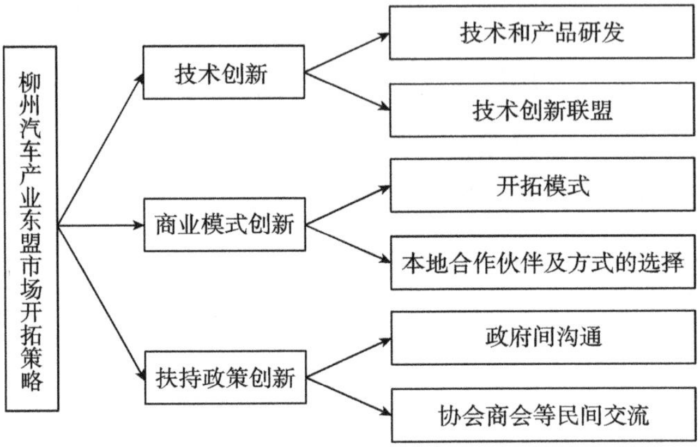

图 3－1 柳州汽车产业东盟市场创新驱动开拓策略体系

三、柳州汽车产业东盟市场开拓的现状及基础条件

（一）柳州汽车产业东盟市场开拓的现状

1. 柳州汽车产业出口东盟情况

目前，柳州已有 10 多家企业在东盟国家成立驻外机构，上汽通用五菱、广西汽车集团等龙头车企，基于东盟国家的特点制订了不同的市场开拓计划，稳步推进，布局设点，立足东盟，放眼世界。柳州出口东盟的整车企业主要有 4 家：分别为上汽通用五菱、广西汽车集团、东风柳汽、重汽运力。出口的车型涵盖商用车、乘用车、专用车等。东风柳汽主要出口产品有“东风”“乘龙”“霸龙”重卡及“风行”多功能乘用车，已在印

度尼西亚、越南、菲律宾、缅甸设有40余个销售网点，50余个服务网点、配件网点。乘龙卡车于20世纪90年代初进入越南市场，目前，已成长为越南汽车市场著名的卡车品牌。从2015年起，乘龙重载产品，连续四年在越南市场排名第一。乘龙各类卡车在越南保有量达1.5万辆，销售、服务、配件网络遍布越南全境。在越南初步实现了“商乘并举”的格局。近年来，广西汽车集团在资金融通、投资贸易及人文交流等一系列政策支持和引导下，紧随上汽通用五菱等重要客户“走出去”拓展海外市场，观光车和客车产品出口越南、菲律宾等东盟国家。越南是其观光车主要出口市场，早在“一带一路”倡议提出之际，公司便开展了市场调研，并在2014年实现了批量出口8座以上观光车，公司目前在越南主要城市胡志明市、海防市各设有1个大分销商，产品出口规模不断扩大，市场占有率已达20%以上。客车作为公司的重点自主车型，2018年底，菲律宾的客户在当地建设展厅展示五菱客车产品，推动客车产品在当地市场的销售，实现了出口海外市场的重要突破。其他在东盟市场销售较好的还有上汽通用五菱的“五菱”系列微型车及中国重汽柳州运力的“运力”自卸车及罐式车等。

2. 柳州汽车产业投资东盟情况

目前，柳州汽车企业在东盟国家直接投资设厂的龙头企业有广西汽车集团和上汽通用五菱两家。在直接投资方面展开了探索，取得了一定的成绩。2016年4月，广西汽车集团依托香港投资平台，广西汽车集团在东盟的印度尼西亚注册成立了柳州五菱印度尼西亚有限公司，总投资达到2.1亿元，第一期建设了包括冲压、后桥及前悬装配、钣金焊接、油管等6条生产线，主要生产包括冲焊前后大梁等总成、前悬、后桥总成等产品，年生产能力达到10万台套。2017年7月，广西汽车集团印度尼西亚基地正式建成投产，建成了集团第一个海外零部件制造基地，目前拥有110名员工。2017 年 7 月，上汽通用五菱在印度尼西亚投资的工厂正式竣工投产，总投资达到 7 亿美元，总生产能力达到 12 万辆。该工厂采用全球一流标准和设备，保证了汽车产品一流制造品质，包括四大制造工艺、质量检测系统，是目前我国在印度尼西亚投资最大的汽车整车生产基地。上汽通用五菱印度尼西亚公司全产业链带动的印度尼西亚本地就业已达 3000 人以上。2018 年全年上汽通用五菱在印度尼西亚销售 MPV2.20 万辆，成功跻身印度尼西亚 MPV 市场十大品牌。2019 年 9 月，上汽通用五菱印度尼西亚公司产品出口泰国、斐济、文莱等国家，实现了“扎根印度尼西亚、辐射东南亚”的发展蓝图，完成了集团公司开拓海外市场的又一个重大目标。

3. 柳州汽车产业出口规模较小、占比低

随着全球汽车产业竞争力的不断提升，积极参与国际竞争和扩大产品出口已成为全球主要汽车生产国汽车产业发展的客观规律。据统计，欧、美、日、韩等国家汽车出口量占国内产量的比例基本维持在 20% 以上，有的甚至超过 50%。如日本 2018 年汽车出口 468 万辆，占国内产量的 48%；韩国 2018 年汽车出口 245 万辆，占国内产量的 61%；德国 2018 年出口 399 万辆，占国内产量比例更是高达 78%。巴西、阿根廷、南非、泰国、墨西哥等汽车产量较大的发展中国家汽车出口量占国内产量的比例也已超过 20%，最高的甚至超过了 70%。据统计，2018 年柳州汽车产量达到 250 万辆，2018 年整车出口不到 1000 辆，仅占产量的 0.004%，与柳州汽车产业自身体量和实力严重不相符，说明柳州汽车产业东盟市场开拓仍处于初级阶段，未来仍有非常大的发展空间。

（二）柳州汽车产业东盟市场开拓的基础条件

1. 扎实的汽车产业基础

柳州已成为全国重要的汽车生产基地和出口基地。自 2014 年以来，柳州连续五年整车产销超过200万辆，其中交叉型乘用车国内市场占有率达68%；MPV国内市场占有率达44%，均居国内细分市场第1位，中重载货车综合排位在全国名列第三，具备变速箱、制冷压缩机、发动机、冲压焊接件、空调系统等重要零部件的批量生产能力。目前，上汽、一汽、东风、重汽中国四大汽车集团均在柳州布局了重要生产基地，柳州汽车产业已形成多品种、宽系列的整车和零部件生产研发体系。当前，柳州市已发展成为国家汽车零部件生产基地及国家级汽车及零部件出口基地，其中，柳州市阳和工业新区列为国家新型工业化示范区（汽车），上汽通用五菱、东风柳汽、广西汽车集团等28家汽车、零部件生产企业获认定为国家汽车及零部件出口基地企业。

柳州汽车市场规模快速增长，整车制造水平不断提升。经历了多年高速发展，柳州汽车规模持续增长。2018年，3家主机厂汽车产销，产量占全国汽车总产量的比重达7.7%。柳州汽车品牌在产品快速更新迭代、质量升级的同时，也加快制造装备和工艺标准提升，在发动机、变速器、车桥、车架、车胎、车身冲压件、内外饰件、制动系统、玻璃等方面均已形成比较强大的制造能力。当前，在柳州市汽车产品结构中，中重型载货车在品质上与国际发达国家同类产品的质量差距不断缩小，价格优势明显，产品的性价比不断攀升；微型车在技术方面已经非常成熟且成本较低，在国际同类产品的竞争中处于领先地位。MPV在舒适性、性能、安全性等方面表现卓越且价格较低，多次成为东盟博览会指定用车，并且作为国礼被我国政府赠送给东盟各国。

柳州汽车供应链发展完备，配套能力不断增强。目前，柳州市拥有上汽通用五菱、东风柳汽等整车生产企业，主导产品有多功能乘用车（MPV），运动型多用途车（SUV），轿车，交叉型乘用车，微、轻、中、重型系列载货车。培育出了“宝骏”“五菱”“乘龙”“风行”等一批具有自主知识产权的全国、全球知名品牌。行业规模以上生产企业270多家，直接从业人员已达12万。依托整车龙头生产企业，柳州已形成比较完整的汽车零部件产业链，涌现出柳州五菱、广西方盛、柳新冲压件等一批本地零部件企业，同时，联合电子、耐世特、上海延锋、上汽变速器、福耀玻璃、玲珑轮胎等一批国内外知名零部件企业相继在柳州设立生产基地。当前，上汽通用五菱本地配套率已达55%，东风柳汽本地配套率已达42%。

2. 出口环境不断优化

自贸协定谈判加快推进，汽车出口环境日益改善。目前，我国已签署自贸协定17个，涉及25个国家和地区，在谈自贸协定12个，在研自贸协定8个，重点推进汽车产品关税减让，减少技术法规、投资等准入壁垒。同时，我国正在积极建设境外经贸合作区，搭建国际产能合作平台。根据我国与东盟的自贸协定，一般敏感性产品的税率将在今后逐步降低，在2020年以后将降至5%以下。在汽车产品中，特种用途车及专用车、车身以及大部分汽车底盘等零部件降税的时间将延长。可以说，在自贸协定框架下，东盟各国均采取了更为开放透明的汽车产业、贸易政策，这将为柳州汽车开拓东盟市场提供良好的外部环境。2019年7月，全国首个“国家外经贸商事服务综合改革示范区”落户柳州，柳州汽车生产企业在出口报关和通关方面即可享受16个“自由贸易协定”进出口关税减免，让柳州汽车“走出去”更有底气。2019年4月，柳州市出台《柳州市促进工业稳增长、调结构十条措施》，加大了对出口车企的扶持政策，对企业新研发的车型出口达到一定量给予100万元奖励；对出口的汽车产品，每辆出口给予1000元的物流补贴。

汽车产品多双边互认加快推进。当前，我国正在加快推动汽车产品多双边互认工作，加强与其他重点国家的检测认证合作，支持当地认证、检测机构与我国有资质的检测机构开展合作，推动汽车产品试验室互认工作。同时，我国也在积极参与推动国际汽车标准法规的制定、修订及协调工作，推动我国的新能源汽车技术标准、相关方案为东盟国家所采用，扩大中国汽车标准国际影响力，切实推动我国的汽车标准“走出去”。

3. 柳州汽车产品、区位匹配优势

当前，东盟大部分为发展中国家，更看重汽车的经济性和实用性。长期以来，柳州汽车产品形成了以经济型乘用车、卡车和专用车为主，这些车型既能够适合城市中低端需求，也能极大满足农村的需要，与当前东盟市场的需求高度契合，具备了非常好的性价比，极具吸引力和竞争力。柳州作为中国内地走向东盟的重要通道节点城市和毗邻东盟最近的汽车工业重镇，与东盟各国水陆相连，交通条件便利，柳州至钦州港、防城港、北海港仅 4 小时车程，出海也非常便捷。同时，柳州市每年一度的中国—东盟（柳州）汽车工业博览会，也搭建了柳州汽车与东盟各国交流合作的平台。

四、创新驱动发展战略下柳州汽车产业东盟市场开拓存在的问题

（一）技术创新方面存在的问题

1. 柳州汽车技术研发和产品品牌知名度不高

如前文所述，日系汽车早在 20 世纪 60 年代即进入东盟市场并占据 80% 以上的份额。与之相比，柳州自主汽车品牌发起晚，2019 年，出口东盟汽车仅千余辆，上汽通用五菱和广西汽车集团直到 2017 年才正式开启东盟市场的本地化生产。相较日本汽车而言，柳州汽车企业造车基础弱、发

展时间短、技术和经验积累少，管理理念、品牌文化等“软实力”不强，在技术研发、产品性能和质量、供应链管理、业务布局、盈利水平等各方面仍有一定差距。同时，东盟国家的法律和贸易制度、技术标准均已形成准入壁垒，东盟各国汽车行业的消费者偏好、驾驶习惯、道路条件也存在较大差异，这增大了柳州汽车产业开拓东盟市场的成本和难度。长期以来，柳州汽车产业高度依赖国内市场，“一条腿走路”问题突出，对东盟国家汽车市场的了解还有待进一步加强。

2. 联合国内及当地车企共同研发方面有待加强

一是中国自主品牌汽车在2004年已开始东盟市场拓展，奇瑞最早，长安、众泰、长城、吉利纷纷跟进。但这些自主品牌相互之间的合作少，特别是联合研发及开拓市场方面，基本单打独斗，甚至相互恶性竞争，柳州车企还需要加强与国内龙头车企的交流，以技术创新联盟或者共建东盟地区研发机构等形式开展联合研发或者联合制定汽车产品技术标准。二是东盟本土车企积累了较多的开发经验，柳州汽车产业与其联合研发的实践探索还不多见，未来需要加强与东盟本地车企的沟通交流，共同组建技术创新联盟或者研发机构，推动技术创新更加贴近东盟市场。

（二）商业模式创新存在的问题

1. 以直接产品出口为主，东盟本地化生产有待继续加强

目前，柳州汽车企业东盟出口方式较为单一，仍处于以产品直接出口为主的初级阶段。虽然上汽通用五菱和广西汽车集团在海外投资建厂，但产量还不够大，其他汽车及零部件企业在东盟仍以 CKD、SKD 组装生产为主，由柳州汽车企业提供技术和工艺装备，收取一定技术使用费并出口散件，工厂具体经营和产品销售等运营管理参与度较低。当前，上汽通用五菱、广西汽车集团等龙头企业在东盟市场本地化生产的程度还有待继续提

升，长期可持续发展仍面临较大的经营、管理风险。

2. 柳州车企海外销售和服务体系建设滞后

一是由于柳州车企出口东盟市场分散，销售和售后服务网络布局不合理，多数采取委托代理的合作方式，存在配件供货周期长、售后服务相对滞后、宣传力度不大等问题，造成品牌影响力和美誉度不高。二是广西金融业"走出去"的步伐较慢，对汽车企业支持力度较小。汽车价值较大，存在较多消费贷款的需求，特别是中、重型商用车。我国的金融机构虽然也在东盟地区设立了分行，但基本不开展当地的常规消费贷款业务，所提供的金融服务非常有限，导致当地消费者在购车时不能享受贷款补贴、二手车置换补贴等优惠，这也大大地制约了柳州品牌汽车在东盟的销售。

（三）扶持政策创新存在的问题

1. 缺乏应对东盟市场行业法规变化的响应机制

东盟汽车市场正处于快速成长期，政策和法规变化较快，如果缺乏对政策法规变化的预判，柳州车企很容易陷入困境。以越南市场为例，目前，中国出口越南的汽车每年超过 3 万辆，但中国汽车企业在越南汽车市场的发展仍处于单兵作战，缺乏对越南汽车行业发展方向的了解。2017 年 7 月越南汽车行业颁布 116 号文件，从经销商资质、产品登记检查等环节限制整车进口，导致 2018 年中国汽车行业出口越南出现断崖式下跌，中国各汽车企业缺乏对该新政的了解及预判，直到政策出台，才各自研究解决方案。

2. 广西与越南陆路合作口岸数量少，乘用车出口受限

目前，我国已经与缅甸、老挝等国家实现了双牌照车辆运输合作，极大降低陆路运输成本并提升了效率，但与临近的越南开放口岸少，陆路口岸主要是东兴和凭祥，目前商用车整车出口，均走这两个口岸，但目前越

南尚未开通乘用车从其他口岸进口的权限且中越陆路运输目前需要在边境换车，造成陆路运输成本较高，周期较长。

3. 广西与东盟国家汽车行业协会沟通交流较少

目前，柳州市政府与东盟主要汽车市场国家的沟通交流相对较少，柳州汽车行业协会与印度尼西亚汽车零部件工业协会、泰国汽车零部件制造商协会、马来西亚雪隆机车及零件商会等东盟主要国家汽车行业协会之间的沟通联系还没有常态化，相互之间的交流还不够广泛，在一定程度上阻碍了柳州汽车东盟市场开拓的力度。

五、国内外汽车产业东盟市场开拓的经验借鉴

（一）日本东盟市场开拓的经验

1. 日本东盟市场开拓的过程

日本开拓东盟汽车市场始于20世纪60年代，在经历了三次石油危机后，以高能耗为特点的欧美汽车品牌遭到重创，日本车企抓住机遇，坚持低价省油的原则迅速抢占国际市场，积极进行海外布局，其中日系车在泰国汽车市场上拥有很高的市场份额。随着当地政府的政策支持和市场扩大，日系制造商一边对当地进行技术转让，一边支持该地区的汽车产业发展。尤其是1962年泰国政府为了积极招揽外资企业，推出了一系列优惠措施，例如改制投资促进法，给予关税、法人税的减税政策，日系车辆趁此进入泰国市场（增山雄纪，2015）。之后，东南亚各国为了保护本国汽车产业而制定了高额整车进口关税政策，日本车企对此采取在当地投资建厂的策略，逐渐提高了在东南亚生产的本地化率，进一步占据东南亚市场。

到了20世纪80年代后期，东盟汽车市场随着经济的迅速发展而逐渐扩大，加上急剧上升的日元汇率促进零部件当地生产化，积极追求规模经济以提高零部件生产效率，改善产品质量，推进日本生产体制，许多日系零部件制造商进入泰国，形成投资热潮。20世纪90年代，日本的泡沫经济破灭后，日本汽车企业对国内的经营体系进行了调整，加强了海外工厂的生产能力，特别是在东盟地区的生产（Koichi Shimokawa，1995）。日本汽车工业的总基调是全球化，并且不断加快全球一体化步伐。在全球化进程中，日本汽车企业调整了对东南亚的战略，重新整合生产资源，将分散在几个国家的汽车生产基地整合在一起，增强生产能力，提高规模效益；在零部件生产方面，日本汽车企业认为欧美汽车生产商已经将零部件的生产集中在部分能够应对全球化浪潮的大型汽车零部件企业中，为了在同欧美的竞争中取胜，日本决定把东南亚地区建立成高品质的零部件生产和出口基地。主要原因是在于：东盟汽车市场需求旺盛、工业化进程加快以及劳动力成本低。2003年1月，东盟自由贸易区内的零部件和整车的关税降至5%，日本各大汽车企业充分利用这个关税优惠政策，纷纷在东盟区域内进行集中生产和增长贸易，促进东盟国家的汽车生产专业化，协同并进。丰田、三菱、马自达等汽车企业都把泰国、菲律宾、印度尼西亚作为他们重要的零部件生产和出口基地，作为一个大的零部件供应基地，东盟国家的重要性日益被反映出来（宋璐，2004）。

2. 日本汽车成功开拓东盟市场的经验

日本汽车企业在短短几十年时间冲破欧美老牌车企的垄断，把东盟市场作为日本全球化战略的重要阵地，值得我们借鉴。

第一，有序布局，精准定位。日本汽车开拓东盟市场战略采取先出口，后投资的策略，利用出口市场打开对外直接投资的缺口。抓住三次石油危机对欧美汽车产业造成打击的机遇，坚持发展自身产品低价省油的特点，迅速抢占市场份额。日本汽车产业之所以能够在全球获取领先地位，与其精准定位汽车业务的发展理念息息相关。日本汽车一直秉持环保排放量小、低油耗、车辆安全性能强和有针对性地开发不同性能车型的优点，打造出了日本汽车在国际市场上良好的口碑。

第二，与时俱进的战略决策，充分利用东盟各国优惠政策。日本对东盟汽车产业的投资是一个逐步发展的长期过程。在这个过程中，日本汽车企业根据不同的经济发展环境和东盟的各项汽车政策，以自身的利益为出发点，不断调整对东盟汽车产业的投资战略，逐步在当地投资建厂，零部件、售后服务等周边产业相继在东盟各国推进，日积月累形成一条集采购、设计、生产、销售、售后于一体的完整价值链。长此以往，便形成由点到面、低级到高级、组装生产到形成区域型生产网络的绝对主导地位。

第三，产业链式海外布局。日本汽车企业在几十年的经营中构建了一条集采购、生产等上游产业到下游销售、售后的完整产业链，专注于核心技术研发，而将一些简单机械的零部件本土化，大幅度降低生产成本，在这一生产过程中，日本建立了东盟区域内的零部件生产分工网络，实现了生产的集约化和规模化，如今东盟已经成了日本各大汽车企业主要的零部件生产供应基地。可以说，日本汽车产业在海外的成功发展很大程度上得益于其产业链协同布局的发展路径。一是帮助产业集团形成内部化优势。二是日本在海外发展汽车周边产业能够有效带动东道国就业，催生当地零部件生产事业，进而促进当地经济的繁荣建设。三是产业链式海外布局能够帮助日本在全球价值链中占据有利的领导地位。

第四，积极争取国内外企业合作。为了适应全球经济一体化，日本企业加速展开与国内外企业的业务合作。日本国内各企业相互协作，产业内抱团建设，在困境中相互扶植，提高整体行业竞争力和抗风险能力。在国际业务中积极寻求与东盟各国企业，政府合作，形成一个错综复杂的区域型经济体。日本汽车企业在东盟投资久、发展长，融入当地的经济发展建设中，管理人员熟悉当地的法律和人文环境，最大化利用政策优惠，并且与当地企业建立紧密的关系，形成牵一发而动全身的整体格局，因此，东盟各国在制定汽车贸易政策时会慎重考虑，减少汽车贸易争端风险。

（二）国内汽车企业东盟市场开拓经验

1. 广西汽车集团的经验：本地化管理＋加大宣传力度

一是强化对印度尼西亚法律法规的学习。作为广西汽车集团“走出去”战略的第一步，广西汽车集团印度尼西亚公司（以下简称“印度尼西亚公司”）的管理缺少成熟经验借鉴。一方面，基于广西汽车集团公司的管理模式，针对印度尼西亚当地人文社会、法律体系的特点，同步构建印度尼西亚公司管理框架，近年来，制定了80余项适应印度尼西亚本地特点的管理标准。另一方面，印度尼西亚公司充分利用中国及印度尼西亚政府部门间交流、调研、培训班等时机，从企业设立、税务申报、货物清关、用工管理等多个方面，不断强化对印度尼西亚法律法规的学习，持续派遣国内骨干员工深入学习印度尼西亚当地法律法规及企业实践，推动印度尼西亚公司能够快速融入当地的管理。

二是加大本地化人才的培训培养。印度尼西亚公司管理人员初期以外派人员为主，后期以“五菱人才阶梯形发展”的培养理念为指引，逐步加大印度尼西亚本地化人才的培养培训推进印度尼西亚公司本地化管理进程，对印度尼西亚当地员工的操作技能和管理水平提出了定期培训的要求，特别强调了印度尼西亚员工的业务工作计划管理、流程管理、时间管理等。此外，广西汽车集团持续加强文化、社会观念的沟通融合，开展派出人员的印度尼西亚语培训和当地员工的中文培训，不定期地邀请印度尼西亚管理人员来柳州了解广西汽车集团发展现状，学习集团智能制造相关建设，潜移默化中使其接受五菱“艰苦创业，自强不息”的企业文化，从而提升其对广西汽车集团的认同感和对印度尼西亚公司发展的责任感，大大减少了印度尼西亚公司的人才流失。

三是积极融入本地化管理元素。一方面，在尊重中印两国在法律、投资、文化和劳工管理制度等方面存在较大差异的基础上，印度尼西亚公司在充分调查后，按照印度尼西亚当地标准，与优秀的本土化企业开展业务合作。另一方面，在发布印度尼西亚公司流程管理制度时，也根据印度尼西亚当地的实际情况和人文环境做了较大调整，快速组建本土化领导团队，给予了恰当的管理授权，本土化管理政策更加深入人心，更能够得到印度尼西亚政府和人民的认可。

四是加大国际化宣传。近年来，广西汽车集团通过参加当地行业展会、在阿里巴巴国际站上推广产品、在东盟一线城市调研走访等方式提升产品品牌认知度；通过多次开展汽车产品售后服务培训、提升金融政策支持力度等举措提高五菱观光车和五菱客车的竞争力。如在首届“一带一路”高峰论坛中，五菱观光车成为故宫国宾接待用车，在北京雁栖湖国际会议中心为外国领导人提供会议中心内部交通接待服务，提升了国际知名度和品牌价值，成功打入泰国、越南、缅甸等国家。由于出口资质等条件限制，为了让发动机产品口碑也能够“走出去”，广西汽车集团通过租借展览样机给代理公司到国外参展的方式来开拓出口市场。目前，在越南每年有3000台的需求量，在缅甸、老挝每年有1000台的需求，同时也在泰国等市场获得了客户的认可。

2. 上汽通用五菱的经验：抱团出海+参与制定规则

一是实施抱团发展、本土化发展策略。上汽通用五菱印度尼西亚基地（以下简称“印度尼西亚基地”）用了两年多时间，克服施工难度和当地文化障碍，带动了宝钢、五菱工业、耐世特、凌云等一批国内外知名的汽车零部件配套生产企业到印度尼西亚投资建厂，实现了全产业链输出的目的。同时，印度尼西亚基地大力邀请印度尼西亚本地汽车零部件供应商加入供应链体系，提升了印度尼西亚基地的产品零部件本地化比例，大大降低了开拓市场的障碍和风险。总的来说，印度尼西亚基地的运作模式，实现了柳州汽车企业知识产权、人力资源与团队、品牌与产品、业务运营管理模式的全方位输出；体现了具有竞争力的整车产品、低成本的运营管理模式、全产业链的供应体系三大要素“抱团出海”的创新模式。

二是参与中国东盟汽车标准法规的制定工作，增强话语权。依托印度尼西亚基地项目，上汽通用五菱积极推动和主要参与中国—东盟汽车标准的制定工作，不断增强上汽通用五菱乃至中国汽车产业的话语权。依托上汽通用集团优势资源和国内市场的成功经验，五菱品牌还将逐步辐射至东盟其他国家。目前，印度尼西亚基地项目已成为五菱品牌在东盟市场扩张的重要生产基地。

六、柳州汽车产业开拓东盟市场的创新驱动策略

（一）技术创新方面的对策

1. 加大研究东盟“游戏规则”，有的放矢地开拓东盟市场

其一，从日本汽车及广西汽车集团、上汽通用五菱东盟市场开拓经验来看，在汽车出口时要做深、做精东盟市场前期调研工作，了解当地市场的需求、消费者爱好、当地的贸易政策等，只有将当地“游戏规则”研究透彻，才能避免少走弯路。建议如下：一是推动建立由上汽通用五菱、东风柳汽、广西汽车集团等车企联合广西科技大学、柳州工学院等高校科研

机构组建中国—东盟汽车市场研究院（所），引进国内清华大学等高端资源加盟；二是针对东盟市场不同的特点，分高购买力高需求市场、高购买力低需求市场、中购买力中需求市场、低购买力低需求市场四个不同类型或者分国别深入研究不同市场的需求特点，推动共享信息和经验。

其二，要抓好重点市场开拓工作，发挥其“桥头堡”作用。由于东盟市场较为分散，各国汽车市场特点不同，当前，要充分利用当地的一些导向性政策，加快市场开拓步伐。如泰国在东盟属于一个辐射作用较大的国家，日本汽车企业目前基本形成以泰国为基地辐射东盟其他国家的格局。根据泰国和东盟地区内部贸易规定，只要达40%的国产化率，在东盟内部就可享受0.5%的关税。在马来西亚，吉利的1.6L以下轿车项目始终无法得到马来西亚政府的批准，主要原因是马政府出于保护本国市场的考虑。但是，马来西亚在1.6L以上排量的轿车产品缺乏竞争力，马来西亚最终批准了1.6L和1.8L的吉利轿车生产资格。在重点市场的选择上，建议如下：一是以购买力需求为导向，选择高购买力高需求市场的泰国、印度尼西亚以及马来西亚作为当前重点开发市场，立足稳定后，以其作为“跳板”向东盟其他国家开拓市场；二是积极推进中购买力中需求市场的菲律宾、越南等国市场的开发，因其市场成长快，要加大对这些国家汽车需求及技术开发工作。

其三，在CAFTA（中国东盟自由贸易区）框架下，根据CAFTA原产地证书，中国汽车企业向东盟国家出口汽车、零部件产品可以享受到优惠的关税。建议如下：一是应根据东盟汽车产业市场需求特点及自身的优势持续加大相关汽车产品的研发，如上汽通用五菱应依托印度尼西亚市场持续加大廉价7座MPV、SUV等的研发，广西汽车集团应依托印度尼西亚、泰国、越南等市场持续加大观光车的研发，东风柳汽应依托越南市场持续加大重型卡车和多功能乘用车的研发等；二是遵循节能环保导向，大力布局新能源汽车产品的研发，利用广西自贸试验区政策优势，加强与东盟汽车产能合作。

2. 组建技术创新联盟，加大联合研发力度

由于东盟市场较为复杂，建议如下：一是推动柳州龙头车企与吉利、长城等国内车企组建技术创新联盟，共同研发一些适合东盟市场的产品；同时，基于各自技术优势合理分工，共享研发成果。二是在新能源汽车产业开发领域，寻求与日本等车企合作的机会，加快推动融入东盟本地化市场环境。三是通过深化与东盟各国政府间的汽车产业交流，推动柳州汽车企业与东道国厂商在资本、技术、产品开发、整车和零部件供应等方面展开合作，加快形成完整的协作闭合链条，提升柳州汽车产业抗风险能力和整体竞争力。

（二）商业模式创新方面的对策

1. 合理评估投资环境，加大在东盟投资建厂力度

如前文所述，随着东盟一体化进程的加快，可借助东盟各国内部之间的自由贸易协议提供低关税、零关税等政策，先进入一个东盟国家，再以该国为基地出口到东盟其他国家。因为发展本土汽车产业是现在及未来东盟各个国家的主要政策导向，因此东盟市场开拓最可靠的手段就是在东盟国家内部投资建厂。建议如下：在上汽通用五菱印度尼西亚工厂、广西汽车集团印度尼西亚工厂取得初步成绩的基础上，继续加大柳州汽车企业在东盟市场的开拓力度，充分利用中国—东盟自贸区的关税优惠，在东盟重点市场寻找本地化合适的合作方，在当地投资建厂实现产品的本地化生产并将相关汽车产品出口到其他东盟国家。

2. 认真遴选合作伙伴，加强境外营销和售后网络服务建设

一是合作伙伴的选择。柳州汽车企业应配合东盟当地政府整合国内组

装产能的导向，与印度尼西亚、越南、泰国当地有政府背景的大公司及有实力的汽车经销商合作，以获得当地政府的政策支持，在短时间内解决机构和人员派驻、市场开拓、建立客户群和销售服务网络等问题。二是合作方式的选择。初期可采取输出零部件在当地组装并以国产车品牌出售，或进口整车销售；条件成熟后，可采取 CKD 当地组装，并以自己的品牌在东盟国家销售的方式。在售后服务网络建设方面，要为消费者提供便快捷高效的售后服务。三是组建汽车产业联盟。等条件成熟以后，建议能够整合柳州市整车、零部件与东盟重点市场国家的相关资源，组成汽车产业联盟，推动各方的融合，建设长期健康的利益共同体，从而实现柳州汽车产业深度走入东盟市场。

（三）政府扶持政策创新方面的对策

1. 整合资源，积极推动柳州汽车产业“组团南下”

一是要借鉴日本汽车产业先出口后投资、保持投资与出口协同并进的东盟市场开拓经验，实施柳州汽车产业链输出计划，提高零部件企业开拓海外整车企业配套市场的准入费用补贴标准，促进零部件企业走入东盟市场，加大推动柳州龙头车企联合零部件车企纵向抱团发展深度。二是通过加强政府间交流，推动与印度尼西亚、泰国、越南等东道国的全方位合作，努力攻克市场壁垒。三是持续支持上汽通用五菱、广西汽车集团、东风柳汽等龙头企业在东盟市场直接投资，大力推进柳州汽车产业从贸易式出口、海外组装为主逐步过渡到海外生产为主，最终实现汽车产业出口东盟和落地生产的协同发展。

2. 加强沟通，持续优化东盟市场开拓内部软环境

一是充分发挥行业协会沟通桥梁作用，推动柳州汽车企业联合起来筹备成立东盟市场出口商会，从事出口数据、当地法律法规、技术标准、市

场准入等信息收集与共享。二是要与东盟国家政府层面保持密切沟通，如遇到针对柳州汽车企业的不利政策时，可以协调我国政府进行交涉，并对东盟行业法规、政策制定及修改反馈的时效性进行及时把控，打破被动接受东盟汽车行业法规变化带来的局面，提升本地化汽车行业参与度。三是推动整车企业联合零部件企业及相关机构在东盟地区共建汽车产业园区、共建境外售后维修服务中心及备件生产基地和培训中心。四是建议广西金融业加大“走出去”的步伐，加快完善金融贷款业务在东盟市场的配套，为在东盟地区的柳州车企企业提供更有利的政策支持。五是建议通过合理利用外贸扶持资金，对柳州龙头车企在东盟地区的海外网络建设、办事处机构运营、当地广宣等支出，予以一定比例的财政补贴，降低企业海外运营支出。

3. 严把质量，提高出口车辆品质和品牌形象

目前，还存在部分车企只重视销量，不重视品牌形象，在东盟市场进行恶性价格竞争的问题。为此，建议推动协调国家相关部门对出口秩序进行规范，协调好当地投资及销售的汽车厂家，努力减小和避免恶性竞争带来的损失。同时，由于东盟市场的主要竞争对手是日韩车企，要想在市场上获取一定份额，还需进一步地提高车辆质量，特别是可靠性，低端产品也要做到高质量，以增强消费者信心。要推动柳州车企加大汽车产品和品牌宣传力度，努力提升自身品牌信誉度，着力塑造柳州汽车品牌形象。

4. 引育并举，打造开拓东盟国际化人才队伍

充分利用已出台的人才引进政策和所处的地缘优势，大力支持龙头车企引进海内外汽车产业国际化管理人才。借助中国—东盟（柳州）汽车工业博览会等平台，依托龙头车企，加大与东盟国家汽车厂商在技术管理人才队伍建设的培训合作。支持广西科技大学、柳州职业技术学院等院校在东盟各国招收传统汽车和新能源汽车制造技术、营销等专业的留学生，联

合上汽通用五菱等龙头车企实施产教融合协同育人工程，大力培育和储备东盟本土化管理人才，积极加快打造面向东盟市场的柳州汽车产业人才队伍。

七、结束语

当前，随着我国推进新一轮更高水平对外开放，加快构建开放型经济新体制的决策部署，未来我国进口关税下降、外商投资股比限制放开、自贸区建设加快推进等一系列汽车领域开放措施将加快推进，柳州汽车产业将面临更加公平、更加开放、竞争更加充分的市场环境，倒逼柳州汽车品牌企业最大限度地整合资源，加快品牌培育和产品升级、增强自身竞争力，积极开拓东盟国家等海外市场。本书通过分析东盟市场概况、柳州汽车产业东盟市场开拓的现状及基本条件，提出创新驱动发展战略下柳州汽车产业东盟市场开拓存在的问题以及国内外汽车产业东盟市场开拓的经验借鉴，从技术创新政策、商业模式创新以及政府扶持政策创新等方面探讨柳州汽车产业东盟市场开拓的相关对策，期待能够借助毗邻东盟的地域优势、长期积累的汽车产业基础以及国家、自治区给予的制度红利，加快推动柳州汽车产业走入东盟市场，实现柳州汽车产业的高质量发展。

参考文献

[1] 增山雄纪．日本投资下的东盟汽车产业竞争力研究［D］．杭州：浙江大学，2015.

［2］刘木森．日本汽车工业近况及其发展战略［J］．世界汽车，2003（06）：6－7.

［3］宋璐．世界汽车零部件供应商在亚太地区的发展战略［J］．汽车研究与开发，2004（02）：34－35.

［4］成健，杨慧娟．中国汽车出口东盟市场面对的挑战及对策分析［J］．河北企业，2018（03）：64－65.

［5］柳长立．日本汽车企业在东南亚的“市场存在”战略［J］．世界汽车，1999（09）：28－34.

［6］周颖．日本对东盟汽车产业的投资分析——以丰田、三菱在东盟的生产网络为例［D］．厦门：厦门大学，2007.

［7］卢进勇，程晓青，李思静．日本汽车产业海外发展路径对中国的启示［J］．国际贸易，2019（02）：62－67.

［8］刘佶放．华晨汽车东盟市场进入策略的研究［D］．沈阳：东北大学，2012.

［9］蔡天一．日本汽车企业东亚生产网络及对我国启示——以日本三大汽车企业为例［D］．广州：广东外语外贸大学，2009.

［10］王雯，杨蓉．“一带一路”倡议对中国制造业企业国际化程度的影响——基于双重差分模型的估计［J］．企业经济，2018，37（11）：70－77.

［11］林川，罗晶晶．行政级别、地理距离与国际化经营［J］．经济经纬，2019，36（01）：72－79.

［12］钟熙，陈伟宏，宋铁波，翁艺敏．CEO过度自信、管理自主权与企业国际化进程［J］．科学学与科学技术管理，2018，39（11）：85－100.

［13］吴晓波，隋易宏，程晓鑫．中国企业高管团队异质性与企业国际化程度——基于中国A股主板上市公司数据的实证研究［J］．西安电子

科技大学学报（社会科学版），2015，25（02）：1-8.

［14］范水清，李华东，康红霞．中国企业家资源与企业国际化程度的关系探究［J］．经济问题，2017（11）：79-85.

［15］张骁，李欣．企业家全球竞争压力感知与企业国际化扩张行为的关系研究［J］．科学学与科学技术管理，2015，36（05）：74-84.

［16］王公为．新兴市场企业国际化、组织冗余与创新绩效［J］．科技促进发展，2018，14（10）：1001-1007.

［17］唐春晖，苏生威．海外研发战略能提升企业国际化绩效吗？——基于高层阶梯理论的实证研究［J］．财经论丛，2018（09）：96-105.

［18］刘中燕，周泽将．研发投入促进了企业国际化经营吗？［J］．中央财经大学学报，2018（05）：92-105.

［19］吴先明，向媛媛．新兴市场企业国际化研究述评［J］．管理现代化，2017，37（02）：115-118.

［20］彭松林，周超．企业国际化能够提升企业创新能力吗？——基于中国上市公司面板数据检验［J］．科技管理研究，2017，37（14）：6-13.

［21］刘宇飞．中国汽车企业国际化的路径选择研究——基于北京汽车和吉利汽车的案例分析［J］．当代财经，2017（10）：77-86.

［22］侯广辉，李苗．珠三角地区企业国际化与创新的互动机制研究［J］．科技管理研究，2015，35（06）：6-10.

［23］王哲，彭晖．企业家人力资本与中小企业国际化绩效的实证研究［J］．西南民族大学学报（人文社科版），2018，39（10）：134-140.

［24］刘佶放．华晨汽车东盟市场进入策略的研究［D］．沈阳：东北大学，2012.

［25］周振广．昌河汽车国际化战略的选择及实施策略［D］．合肥：

合肥工业大学，2007.

[26] 李凤玲．福田汽车国际化经营战略分析及对我国汽车企业的启示 [D]．沈阳：辽宁大学，2014.

[27] 唐抗抗．比亚迪汽车国际化战略研究 [D]．济南：山东大学，2017.

[28] Dunning J H. Reappraising the Eclectic Paradigm in an Age of Alliance Capitalism [J]. Journal of International Business Studies, 1995, 26 (03): 461 -491.

[29] Wells L T. Third World Multinationals: The Rise of Foreign Investments from Developing Countries [M]. Cambridge: The MIT Press, 1983.

[30] Rui H. Foreign Acquisitions by Chinese Firms: A Strategic Intent Perspective [J]. Journal of World Business 2008, 43 (02): 213 -226.

[31] Koichi Shimokawa. Restructuring and Global Strategy of the Japanese AutomotiveIndustryandItsPerspective [EB/OL]. http://imvp. mit. edu/papers/95/Shimokawa/shimo. pdf. 1995 -06.

第四篇　柳州经济高质量发展路径研究[①]

① 本部分内容得到柳州市第四次全国经济普查课题资助。

一、研究背景及意义

（一）研究背景

党的十九大报告做出了我国经济已由高速增长阶段转向高质量发展阶段的重大研判。中共中央《关于推动高质量发展的意见》（中发〔2018〕40号）为推动高质量发展描绘了蓝图。2018年以来，自治区党委、政府召开了全区工业高质量发展大会等系列会议，印发实施了《推动工业高质量发展的决定》（桂发〔2018〕11号）、《加快推进广西现代特色农业高质量发展的指导意见》（桂政发〔2019〕7号）等系列文件，积极部署推动广西高质量发展相关工作。

（二）研究意义

1. 落实中央关于高质量发展的重要举措

中共中央《关于推动高质量发展的意见》（中发〔2018〕40号）中提出，要加快创建和完善制度环境，协调建立高质量发展的指标体系、政策体系、标准体系、统计体系、绩效评价和政绩考核办法，抓紧研究制定制造业、高技术产业、服务业等重点领域高质量发展政策，带动引领整体高质量发展。当前，中央各部委，各省、自治区、直辖市都在积极落实相关精神，柳州高质量发展路径选择是落实中央高质量发展工作部署的重要举措。

2. 有助于提高柳州高质量发展的决策效率

路径选择是攻破经济高质量发展难关的关键点。柳州高质量的路径选择为我们准确把握柳州经济高质量发展的重点领域和方向，选准柳州经济高质量发展的关键路径，规划推动经济高质量发展的政策工具箱提供理论依据和现实基础，提升柳州经济高质量发展的速度和决策效率。

二、柳州经济高质量发展的内涵及路径选择概述

（一）高质量发展的内涵

有关高质量发展的内涵并无统一观点，廖群（2018）认为高质量发展应该包含七大理念，即以人民为中心、经济结构水平高、经济效益高、平衡、低风险、创新驱动、绿色。李伟（2018）认为高质量发展意味着高质量的供给、需求、配置、投入产出、收入分配和经济循环。林兆木（2018）则提出高质量发展应是生产要素投入少、资源配置效率高、资源环境成本低、经济社会效益好的发展。以上观点从各个层面探讨了高质量发展的内涵，总体来说，创新、绿色、共享、效率等理念成了高质量发展的核心。因此，以下观点得到广泛认可，即高质量发展包括两个重要特征：一是高质量发展要能够更好地满足人民日益增长的美好生活需要；二是高质量发展要体现新发展理念，即创新是第一动力、协调是内生特点、绿色是普遍形态、开放是必由之路、共享是根本目的。

（二）经济高质量发展的内涵

我们认为经济高质量发展的内涵主要体现为产业高质量发展，是实现一二三产业创新能力更强、融合程度更深、供给质量更高、产业结构更优、经济效益更好、资源消耗更少的发展。柳州作为广西工业经济中心，

其经济高质量发展主要体现在工业高质量发展。工信部部长苗圩（2018）在中国发展高层论坛上提出制造业高质量发展的三大任务和六个方面。三大任务包括调整优化产业结构，发展创新设计等生产性服务业，提升产品、服务质量、注重品牌建设。六个方面包括完善制造业创新体系，促进区域协调发展，加强质量品牌建设，营造有利于高质量发展的良好环境，进一步提升开放水平以及大力发展先进制造业。在全区工业高质量发展大会上，广西区党委书记鹿心社提出了工业高质量发展的“六个更”，即“创新能力更强”（科技活力充分释放，新技术、新产业、新业态、新模式蓬勃发展，创新发展能力和加工制造能力显著提升）、“融合程度更深”（两化融合程度，一二三产业协同发展，产生良性互动，军民融合发展）、“供给质量更高”（符合产业和消费升级方向，产品质量和服务质量大幅提升，中高端供给和有效供给增多，不断满足新时代人民群众生产生活的新需求）、“产业结构更优”（产业集聚明显提高，轻重失衡、高低失衡、新旧失衡状况根本扭转，新旧动能接续顺畅）、“经济效益更好”（工业企业盈利持续向好，劳动就业不断扩大，财税持续稳定增收，综合效益明显提升，工业经济迈向价值链中高端）、“资源消耗更少”（资源能源节约高效利用，清洁生产全面施行，节能降耗成效明显，可持续发展能力显著增强，实现绿色发展、循环发展、低碳发展）。

（三）柳州经济高质量发展路径选择依据和总体思路

1. 路径选择的理论依据

路径选择的理论依据包括：一是不平衡发展理论，应集中有限的资源，有选择地在某些部门或重点领域进行投资，通过外部经济使其他部门逐步得到发展。二是增长极理论，只有少数具有区位优势、区域条件优越、主导部门相对集中的地区或领域才能够获得优先发展。三是短板理论，抓住问题的主要矛盾，才能抓住解决问题的关键。

2. 路径选择的原则

路径选择的原则包括：一是遵循经济规律原则，要因势利导，遵循市场经济规律。二是立足自身优势原则，要结合自身区位优势、资源禀赋。三是突出带动性强原则，要优先发展那些影响力大、带动性强的领域或地区。四是坚持融合发展原则，要打通不同产业发展之间的障碍，以共享推动发展。五是着力补齐短板原则，要着力补齐经济高质量发展中的产业、政策和环境短板。

3. 柳州经济高质量发展的总体思路

习近平总书记指出，推动经济高质量发展，要把重点放在推动产业结构转型升级上，把实体经济做实做强做优。工业是实体经济的主体，是技术创新的主战场，是供给侧结构性改革的重要领域。一是要贯彻“抓住中间，带动两端”的思路，以第二产业（工业）的高质量发展带动第一产业（农业）、第三产业（服务业）的高质量发展。二是第二产业（工业）高质量发展的方向是向中高端延伸产业链。工业面临着龙头企业带动不强，产业链短，集群发展不突出的问题，要坚持鹿心社书记“强龙头补链条聚集群”的发展思路，向中高端延伸产业链，提升工业竞争力。三是第一产业（农业）高质量发展的方向是提高本地加工转化。农业体现了广西生态特色，长期处于低价出售原材料的窘况，要大幅提高本地加工转化比例，提升产品品质，向品牌要效益。四是服务业高质量发展的方向是加强产业融合发展。现代物流等生产性服务业要加强与工业融合；大健康、旅游等生活性服务业要坚持与农业、工业的融合。

三、柳州经济高质量发展路径选择的现实基础

（一）柳州经济高质量发展的外部环境

1. 高质量发展成为统一共识

中国特色社会主义进入新时代，我国经济社会已由高速增长阶段转向高质量发展阶段。推动高质量发展成为确定发展思路、制定经济政策、实施宏观调控的根本要求。当前，柳州处于由工业化中期进入工业化后期的关键阶段，走新型工业化道路，推进工业高质量发展，是工业发展必须要迈过的坎，是解决工业轻重发展不平衡、产业断层缺位、新旧动能接续转换能力不足等问题的关键所在，是保持柳州工业经济可持续健康发展的必然要求。

2. 新一轮产业变革和技术革命蓄势待发

新一轮产业变革和科技革命蓄势待发，颠覆性技术不断涌现，催生了大量新技术、新产业、新业态、新模式，其智能化、个性化和社会化特质塑造了灵活高效的供给体系，为高质量发展提供了长效机制。当前，大数据、移动互联网等新一代信息技术风起云涌，催生了新技术、新产品、新业态和新模式。经济高质量发展务必顺应科技革命潮流，因时而动，趁势而为。在新一轮科技革命、产业革命的推动下，全国各地深入推进制造强国战略、加快经济转型升级和创新发展。区域竞争如火如荼，“抢人大战”“招商大战”，国内各地的资源竞争已经白热化。除东部一线城市之外，中西部各省区之间的实力差距仍不明显，这给新时代柳州经济高质量发展提供了后来居上的有利时机。

3. 区域合作与省际合作不断深化

一是融入粤港澳大湾区建设，有利于成为粤港澳大湾区的战略延伸腹地。党的十九大、2018 年全国政府工作报告明确提出建设粤港澳大湾区，《粤港澳大湾区发展规划纲要》编制完成，粤港澳大湾区进入实质性建设阶段。当前，柳州应主动融入粤港澳大湾区建设，引进技术、资金、人才、创新等先进资源要素，助推柳州高质量发展。二是西部陆海新通道建设，为柳州高质量发展进一步拓展发展空间。随着西部陆海新通道加快推进建设，健全完善互联互通设施、提升通关便利化水平和开放水平，将交通通道建成物流通道、信息通道、产业通道，创新跨国、跨省产业合作新模式，为柳州高质量发展拓展新空间。

4. 东盟地区经济发展拉动消费升级

近年来，随着东盟国家经济发展水平、城镇化水平的不断提高，东盟各国对工业制成品保持着强劲的需求，为柳州工业发展提供了绝佳的机遇。2020 年前三季度，中国—东盟进出口贸易额达 3.38 万亿元，再创新高，东盟已成为中国第一大贸易伙伴，占中国外贸总值的 14.6%。随着中国（广西）自由贸易试验区、西部陆海新通道和面向东盟的金融开放门户建设的全面铺开，向东盟地区发展将成为广西对外开放格局的重点之一。柳州应围绕东盟各国产品市场需求，针对性地调整现有产业结构，鼓励工业产品加快“走出去”，抢占东盟这一广阔的新兴市场。

（二）柳州经济高质量发展的基础和优势

2019 年，柳州市人均 GDP 7.74 万元，位居全区第一，是全区人均水平的 2 倍。作为全区工业发展的“脊梁”，柳州市以全区 1/12 的人口，创造了全区 1/5 的工业总产值、1/7 的经济总量，对全区经济增长贡献率约 14%，可以说，柳州高质量发展取得了较好的基础，具体表现如下：

1. 工业规模快速壮大

目前，柳州全市拥有工业企业8000多家，规模以上工业企业达到815家，其中，大型工业企业24户，中国制造业500强企业4户。柳州全市工业总产值从100亿元到1000亿元用了14年；从1000亿元迈向5000亿元只用了11年；2017年突破5000亿元大关，达到5116.1亿元，2011~2019年均增长7.2%，对全市地区生产总值的贡献超过48%。工业规模总量快速壮大，工业综合实力稳步增强，一直位于广西各城市之首。

2. 产业结构持续优化

目前，柳州已形成以汽车、钢铁、机械为支柱，新能源汽车、节能环保、高端装备制造、电子信息、制药、建材、日化等产业并存，门类较齐全的工业体系。柳州汽车产量2017年即已突破250万辆，位居全国城市第三。钢铁行业加快向高附加值产品转型发展，开发高强汽车板、核电用钢、海洋用钢等高附加值产品，品种钢产量比重达63.5%。机械产业加快向智能机械产品转型发展。电子、医药、新材料、先进装备制造等战略性新兴产业快速发展，2019年战略新兴产业占全市工业比重达15%。

3. 工业发展质量不断提高

柳州在全区率先实施“质量强市”战略，把“质量强市”与“工业强柳”深度融合，积极开展质量提升行动，制造业质量竞争力持续增强，2017年成功获批广西首个全国质量强市示范市，制造业质量竞争力指数达到84.22，制造业增加值率达到25.47%，制造业全员劳动生产率达到51.08万元/人。

4. 企业创新能力持续提升

2017年度柳州全社会R&D经费支出占GDP比重为1.69%；规模以上企业投入研发经费44.92亿元，占全社会研发经费投入的96.2%，对全社会研发经费增长的贡献率为89.1%，拉动全社会研发经费增长15

个百分点。目前，拥有1个国家级高新区，近300家国家高新技术企业。入选国家小微企业创业创新基地城市，获“最具创新力城市”荣誉称号。

5. 绿色发展有新成效

柳州在全国率先实施大气二氧化硫主要污染物排放总量控制，工业经济加快向低碳增长模式转变。积极构建绿色制造体系，加快建设绿色工厂、绿色园区，发展绿色技术、绿色设计、绿色产品；加快发展循环经济，推进资源再生利用产业规范化、规模化发展。实施上汽通用五菱河西基地环保改善、柳工高端土方机械绿色设计平台建设、柳钢锅炉节能改造等一批项目，其中，柳工的“高端土方机械绿色设计平台建设项目”获批国家工信部绿色制造系统集成项目。先后成功入选国家循环经济示范城市名单，入围第三批国家低碳试点城市。

四、先进地区经济高质量发展路径选择的经验借鉴

（一）编制产业地图，构建产业发展生态圈

1. 上海市：编制产业地图、产业用地指南

围绕资源禀赋，绘制产业地图，提高产业发展集中度和显示度，对标国际一流，打造世界级产业集群。一是编制《上海市产业地图》。聚焦融合性数字产业、战略性新兴产业等，从空间和产业两个维度，形成现状图和未来图。在产业地图上梳理标识了企业和创新资源，为各方寻找技术、标准、人才服务和产业链合作提供指引。二是建立市、区、镇三级工作机

制。市级统筹全市产业规划布局，区级强化区域发展资源和招商引资工作统筹，镇级弱化优化招商引资职能并做好安商稳商服务。三是严格产业项目准入和结构调整管理。及时更新产业用地指南，建立核定项目用地规模、实施项目准入、退出评估的工作机制。四是建立产业园区高质量发展评价机制。实施园区开发主体名录制备案管理，开展园区开发主体综合评价，评价结果与园区主体认定等工作相挂钩。

2. 成都市：建设产业功能区，构建产业生态圈

一是强化顶层设计，制定政策。2018 年 5 月出台了《成都市制造牵引产业生态圈建设五年行动计划》，率先开展产业生态圈的构建和产业功能区的建设，指导产业功能区编制“三图一表”。2019 年 4 月出台了《优化调整后的成都市产业功能区名单》，形成了“16 +1（军民融合）”的产业生态圈战略布局。二是推动资金、土地、人才等要素向66 个产业功能区集聚倾斜。每个功能区有一个主办牵头行，每个企业有一个主办银行，做到金融服务“全覆盖”。建立“5 +5 +1”① 产业引导基金，持续推进产业基金向产业功能区内项目倾斜。探索依托产业功能区发行专项债务融资工具。持续推进以产出为导向的土地资源配置制度改革，优先保障产业功能区项目用地需求。发布《成都市人才开发指引（2019）》，以“16 +1”各产业生态圈为单位，组织有关产业功能区开展协同推介和专业化人才引进系列活动。

① “5 +5 +1”是指 5 大重点产业、5 大重点领域和 1 个现代化产业体系。5 大重点产业为电子信息、装备制造、医药健康、新型材料和绿色食品；5 大重点领域为会展经济、金融服务业、现代物流业、文旅产业和生活服务业；1 个产业体系是指发展新经济培育新动能、聚焦构建开放型产业体系。

3. 南京市：编制产业地图

制定出台《南京市产业地图》，打造“4 +4 +1”① 的主导产业格局，通过发挥产业地图的指南作用，有效服务各类投资者，推动重大项目与产业地图精准匹配、快速落地，引导社会资本向重点区域集聚，加快构建集产业链、创新链等融为一体的产业要素体系，推动经济高质量发展，提升城市经济密度。

（二）谋划布局新经济

1. 成都市：创新培育经济动能

根据新经济企业成长特性分层分级、精准施策，实施新经济企业梯度培育计划，强化新经济企业支持与服务，推动经济高质量发展。一是推动“给优惠”向“给机会”转变。在全国首创提出的“城市机会清单”，基于政府视角梳理整合企业关心的可释放市场机会，通过项目化、指标化、清单化的表达形式，向社会集中定期发布供需信息，建立城市机会信息收集发布机制，使供需信息更集中、更及时、效益最优化。二是强化企业培育人才要素支撑。围绕人才、技术、资本、数据等新经济要素出台各类专项政策，构建“1 +6 +7 + N”新经济政策体系，为新经济企业发展和人才培育提供良好的生态要素。三是打造创新发展“生态圈”。努力突破传统市场氛围，打造更具新经济特征的可持续发展营商生态体系，使企业发展环境从“个别服务”向“生态营造”转变。

① “4 +4 +1”产业体系是指 4 大先进制造业、4 大服务业、1 个未来产业。4 大先进制造业为新型电子信息、绿色智能汽车、高端智能装备、生物医药与节能环保新材料；4 大服务业为软件和信息服务业、金融和科教服务业、现代物流和高端商务商贸、文旅健康产业；1 个未来产业，围绕具有重大产业变革前景的颠覆性技术及其新产品、新业态，布局发展人工智能、未来网络、增材制造以及前沿新材料、生命健康等交叉应用领域。

2. 深圳市：前瞻性谋划新兴产业，构建梯次现代产业体系

2008 年全球金融危机之后，深圳市委市政府审时度势，在全国率先出台新一代信息技术等七大战略性新兴产业规划，前瞻布局了生命健康、海洋经济、航空航天、机器人四个未来产业，实施“产业链 + 创新链”融合专项计划，设立专项基金，实施差别化的土地、人才、融资政策，新兴产业用地占新增产业用地 80% 以上，2016 年，集中出台科技创新、企业竞争力、人才优先发展、高等教育等“一揽子”政策，共 235 条措施，增强对各类创新资源要素的吸聚力，高标准引领新兴产业发展。目前，深圳市战略性新兴产业对 GDP 增长贡献率达 53%。

3. 株洲市：提升创新能力，以创新引领高质量发展

株洲市围绕建设“国家创新型城市”和“国家创新驱动示范城市”，突出科技创新、提升创新水平。通过加大引智筑巢力度，不断充实创新资源，自 2013 年以来，新引进各类人才近 10 万余名，创建各类创新平台 469 家，其中，国家级平台 43 家、省级平台 228 家。2019 年，株洲全社会研发投入强度、技术合同交易额占 GDP 比重、高新技术产业增速居湖南省第一，万人发明专利拥有量超过全省 2 倍，全国首列商用磁浮 2.0 版列车、时速 400 千米的永磁牵引电机、时速 600 千米的长定子直线电机、高性能离心风机、全球首条智能轨道快运系统示范线、世界最大水陆两栖飞机 AG600 发动机、生物医药多肽库等一批重大创新成果在株洲问世，创新已成为引领株洲高质量发展的亮丽底色。

4. 宝鸡市：将数字经济打造成为高质量发展强大引擎

宝鸡市围绕产业数字化和数字产业化这条主线，抓住 5G、云计算、物联网、人工智能、区块链及电子商务等新兴技术发展机遇，突出传统产业数字化转型、新型产业培育孵化、大数据应用推广普及三个重点，着力打造以传感器为核心的物联网、以工业互联网为核心的智能制造和以智慧城

市建设为核心的大数据应用三个产业链，全力以赴建设数字经济强市，努力让数字经济真正成为宝鸡高质量发展的强大引擎。

（三）优化产业环境

1. 上海市：建立资源利用效率评价制度和资源要素差别化配置机制

优化土地盘活改造政策。制定低效用地再开发专项规划，优化工业用地土地储备机制，研究土地增值收益分配办法，各区可制订工业用地收储年度计划，土地权利人可向市、区土地储备机构申请土地使用权收储。在符合规划、不改变用途的前提下，鼓励原工业土地使用权人自主或联合改造开发。试点财政支持政策，由各区出资收储并经市政府认定的用于二次开发的工业用地，其土地出让收入全额缴入区级国库。建立“腾笼换鸟”专项资金，适当提高产业结构调整专项资金的规模和补贴力度，支持存量土地二次开发工作。

2. 郑州市：创新用地措施

一是保障用地指标。出台郑州市制造业项目用地保障办法，确保制造业项目用地需求。六县（市）、上街区、航空港区、经开区和高新区要将每年新增建设用地指标的30%以上用于工业项目。二是建立工业用地收储制度。每个重点县（市）区要确保2000亩以上工业收储用地规模，实现工业用地即收即用。鼓励开发区与县（市）联合共建、托管新型产业园，指标数据共用、利益共享。三是探索混合用地模式。推行土地功能混合利用，引导土地利用从单一功能向综合功能转型。对工业用地配套的非经营性地下空间不再增收土地价款。

3. 绵阳市：深化经济体制改革推进高质量发展

2020年，绵阳市已制订出台了《建立区域协调发展新机制强化区域合作实施方案》等改革方案，促进体制机制更加完善，激发绵阳高质量发展动力活力。结合实际，绵阳市积极谋划出台《关于推动绵阳市高质量发展的实施意见》，研究推动高质量发展的指标体系、政策体系、绩效评价等六大体系，推动质量变革、效率变革、动力变革，加快建设现代化经济体系。抢抓成渝地区双城经济圈建设机遇，谋划对接“四重”清单，健全完善促进区域协同发展的相关政策措施。发展跨境电商、服务贸易等新业态，并探索开展国际多式联运试点示范，健全更高水平的开放型经济体制机制。积极落实服务业专项引导资金，制定服务业发展评价体系，推动区域服务业规模化特色化发展。

五、柳州高质量发展路径一：以新型基建为突破口，赋能传统产业，培育新兴产业

作为传统工业重镇，柳州市拥有雄厚的传统工业基础，但传统工业比重过大，新兴工业培育不足。近年来，汽车、钢铁、机械传统产业占比超过2/3，战略性新兴产业占比不到15%且战略性新兴工业尚存在规模小、链条短、核心产业不明显等问题，难以弥补传统经济下滑导致的增长缺口，迫切需要抓住新型基建窗口，推动传统产业转型升级，催生新经济发展。

（一）柳州市新型基础设施建设情况

1. 5G基础设施建设和应用取得新进展

目前，柳州市各基础电信运营商共建设5G基站约1700座。5G网络已实现对市区的连续覆盖。在搭建夯实5G网络基础的同时，柳州市积极探索5G技术应用落地，将5G技术融合到工业、医疗、交通、农贸等各个方面，如表4-1所示。

表4-1 柳州市5G应用取得的成效

项目	内容
5G+医疗	柳州市工人医院完成了广西首例基于5G的远程协同手术——腹腔镜胃癌根治手术，柳州市人民医院开展5G手术同步教学，基础电信运营商与柳州市重点医院试点建设5G+智慧医院
5G+产品升级	广西柳工机械股份有限公司携手中国电信联合打造的首台遥控智能装载机正式商用，驾驶员可在2000千米外遥控装载机完成前进、铲装、运转、卸料、转向等一系列动作
5G+智能制造	柳钢集团利用5G网络技术实现智慧工厂，人/机/料全连接，多类场景使用低时延高可靠大带宽5G应用，柳钢热轧厂的行车和取料车经过数字化改造连入5G网络实现远程操控，并通过车头多路高清视频实时回传实现远程监控。柳工集团也正在推进车间生产现场5G视频监控回传、5G无人行车等项目

资料来源：柳州市大数据发展局调研材料。

2. 工业互联网建设取得新突破

重点企业的智能化和信息化项目取得新进展，柳钢“基于工业互联网平台的生产线数字孪生系统”、柳工机“工业互联网平台企业安全综合防护系统项目”列入2019年工信部工业互联网创新发展工程。上汽通用五菱“数字化供应链协同制造平台”入选工信部2019年工业互联网平台创新应用案例。正在起草的《柳州市工业互联网创新发展示范城市方案》，明确以柳东新区、北部生态新区为重要承载地，将柳州建成广西工业互联网创新发展示范城市。以螺蛳粉产业和汽车工业为切入点，积极推动工业互联网标识解析二级节点（柳州）与柳州特色产业和传统产业的深度融合。

3. 数字城市管理取得新成绩

目前，建有“柳州市政务信息系统整合共享一体化平台”，已接入市级单位340家单位，并已实现与新版自治区数据共享交换平台的级联。作为广西第二家建数字化管理平台城市，数字城管系统已投入运行；开发了与国土地理框架信息系统的接口，实现了国土地图信息在线调用；通过接口开发，与“龙城市民云”“柳州 1 号”等公共服务、新媒体 App 联动，完善服务应用，拓宽了受理渠道。

（二）柳州市新型基础设施建设中存在的问题

1. 推进新型基础设施建设缺乏文件指导和支撑

国家层面未出台新型基础设施建设规划及相关文件，未明确新型基础设施建设的范围。自治区层面正在编制广西新型基础设施建设规划，但目前尚未印发。地方部门对新型基础设施建设项目把握不准，导致柳州市在建立新型基础设施建设项目库时，多次调整项目库内项目，对推进新型基础设施建设项目建设有较大影响。此外，柳州市缺少数据资产登记管理等方面的管理办法，无法明确数据资产的边界、管理模式，数字经济统计口径不够明确，无法形成有效的统计手段，不利于政府对大数据产业发展的科学、高效决策。

2. 柳州产业发展基础薄弱

柳州市电子信息产业发展水平较低，产业发展水平不仅远不及北京、上海等发达城市，也不如南宁、桂林等周边城市，对大数据领域龙头企业吸引力不强。现有信息化企业数量较少，企业规模较小且整体竞争力不强；同时，专业化人才匮乏，目前广西科技大学、柳州市职业技术学院等本地院校已开设大数据相关专业，但由于本地大数据产业发展滞后、大数据领域创新创业氛围不浓、大数据人才培养体系尚未建立等原因，全市与大数据相关的信息技术、数据分析等中高端人才相对匮乏。

3. 数据资源共享开放不足

近年来，柳州市以政务信息系统整合共享一体化平台建设为抓手，打造全市政务数据资源池和共享开放体系，政务数据资源共享和开放应用取得了一定成效，但受商业利益所限，企业级数据共享开放程度较低。同时，由于大数据标准体系不健全、不完善，大数据采集标准、存储标准、共享标准、交易标准、安全标准等亟须制定和完善，这些因素都严重制约了政府数据、行业数据和企业数据的整合共享与开放应用。

（三）推进柳州市新型基础设施建设的对策

1. 加快出台新型基础设施建设实施方案

积极对接、跟进自治区新型基础设施建设规划编制工作，根据上位规划，并结合柳州市实际情况，适时制订新型基础设施建设实施方案，加快推进新型基础设施建设，培育壮大经济新动能，促进经济高质量发展。

2. 加快推进新型基础设施项目建设

推进北部生态新区和柳东新区数据中心、工业互联网等项目建设，积极打造大数据智能产业集群。重点推进柳州市大数据产业园一期工程、物联网平台等涉及政府性资金项目，争取形成示范效应，以点带面推动实施新型基础设施建设。积极协调争取三大基础电信运营商区对柳州市5G基站建设数量及投资予以倾斜，增加柳东新区、北部生态新区5G基站建设密度，夯实申请车联网先导区、智能制造示范基地和工业互联网创新发展示范区的创建基础。

3. 积极申请创建国家级新型基建示范区

借助5G、工业互联网、人工智能、云计算等基础设施和技术手段，加快推进全市工业互联网发展整体进程，打造柳州智能制造示范基地和工业互联网创新发展示范区。寻求自治区支持柳州市车联网运营公司申请车联网直连通信频率和电信经营资质并重点推动柳州市创建国家级车联网先导区。寻求自治区支持柳州市工业互联网标识解析二级节点（柳州）的推广应用工作，并推动与柳州特色产业和传统产业项目结合申报国家工业互联网标杆示范项目。

六、柳州高质量发展路径二：以创新驱动为主引擎，补齐资源短板，增强发展动能

当前，柳州经济高质量发展的最大短板是创新资源的匮乏。与发达地区相比，柳州教育、科技等创新资源非常有限，对传统产业转型升级及战略新兴产业发展的支撑作用比较弱。2018 年，柳州市企业研发经费投入占主营业务收入的比重仅为 1.7%，远低于 2.13% 的全国平均水平。未来柳州经济高质量发展迫切需要以创新驱动引领发展，加大教育科技资源的投入和引进力度，补齐创新资源短缺的短板，挖掘增长潜力，增强发展动能，推动产业向中高端发展。

（一）柳州技术创新能力的现状

1. 出台一系列科技创新支撑产业高质量发展文件

2019 年 4 月，召开了科技创新支撑产业高质量发展推进大会，成立了柳州市科技领导小组，统筹管理科技创新支撑产业高质量发展工作。印发了《柳州市科技创新支撑工业高质量发展行动方案》《柳州市激励企业加大研发经费投入实施暂行办法》等 7 个文件。

2. 实施科技创新六大行动成效显著

实施重大科技专项攻关行动支持 2 批，共 40 个项目 4200 余万元；实施企业研发投入激励行动，在全区率先出台了《柳州市激励企业加大研发经费投入实施暂行办法》，核准补助经费 7276 万元；实施高新技术企业树

标提质行动，全市高新技术企业年度任务量为获认定164家，完成187家，位居全区第二，评价入库科技型中小企业515家，居全区榜首，支持上汽通用五菱、广汽集团、柳钢、长虹等大企业建设科技企业孵化器共2200万元。

3. 实施高层次创新平台创建行动

促成电子科技大学广西智能制造产业技术研究院、中国科学院大学创新创业学院等落地；实施高层次创新人才和团队引育行动，引进国家“千人计划”创业人才曹海平博士组建柳州市轻金属材料及成型技术研究院，投资3000万元；实施重大科技成果转化行动，企业购买科技成果转化项目补助39个，项目经费1133万元。

4. 积极营造浓厚的创新创业氛围

柳州市作为主题城市，参加2019年全国科技周广西活动暨第二十八届广西科技活动周·广西创新驱动发展成果展；举办了第十八届全国大学生机器人大赛（南方赛区）、2019年柳州市汽车产业创新创业专项赛暨中国青年汽车产业创新创业大赛柳州赛区赛等。

（二）柳州技术创新能力建设存在的问题

1. 高水平创新平台不足

目前柳州只有国家级工程（技术）研究中心2个、国家级企业技术中心3个、国家级工业设计中心2个，其他科研机构规模偏小、资源较为分散，研发投入主体主要集中在上汽通用五菱、柳工集团、柳钢集团、东风柳汽等龙头制造业企业，其他企业研发投入普遍偏低，企业反映目前各个行业拔尖的人才散落在园区内，缺少政府支持的集聚人才联合研发的平台。

2. 高端领军人才和高技能人才匮乏

柳州制造业整体上处于价值链中低端水平，“引不来”与“留不住”问题并存。一方面，柳州只有2所本科院校和3所大专院校，缺乏“双一流”建设高校，科技创新人才尤其是领军人才严重缺乏，每万名就业人员中研发人员数不到全国平均水平。另一方面，高水平科研人才“留不住”问题突出。

3. 企业自主创新能力不强

尽管柳州高新技术企业和创新型企业总数排在全区第二位，但相比发达地区仍然较少，“柳州有工业体系却没有创新体系”，特别是开展自主创新的企业不多，大部分领域仍处于跟跑和模仿阶段。目前，规模以上企业中建有研发中心的不到30%，且企业主动申请专利、申报新产品意识不强，产学研结合不够紧密，科技成果转化应用较为滞后。以上创新能力薄弱的问题严重制约了产业竞争力的提升，目前柳州制造业仍以粗初加工为主，精深加工能力不强，高附加值产品占比低。如柳州汽车主流车型单台平均售价在8万~9万元，毛利率水平在10%，中高端车型开发有待加强；柳州钢铁产业仍以粗钢为主，抗风险能力差，在汽车板等高附加值产品方面仍有较大提升空间，机械产业在智能化转型方面任重而道远，其他产业散、小、弱，培育不足。

（三）加强柳州技术创新能力建设的对策

1. 攻克一批产业重大关键、共性技术

整合引导全市科技资金、人才等创新资源，攻克一批对产业升级发展有较大推动与促进作用的重大技术，为“5+5”产业升级发展赋能，为“双百双新”和“新基建”项目建设赋能，推进“强龙头、补链条”，做大做强产业，促进工业高质量发展，为打造万亿工业强市提供动力。

2. 搭建一批高水平科技创新平台

围绕“5+5”产业关键共性技术研发应用与推广需求，打造一批重大科研平台，夯实柳州本土科研基础。建设若干个自治区级以上工程技术研究中心、重点实验室、新型研发机构。以科技创新平台为载体，形成人才聚集小高地，为创新提供“智力储备”，解决本地应用技术型人才短缺问题。重点推进柳东新区的广西汽车研究院，北部生态新区的电子科技大学广西智能制造产业技术研究院、柳州市轻金属材料及成型技术研究院、广西科技大学洛可可工业设计学院建设。坚持“不求所有、但求所用”的导向，加快推进园区、重点企业依托国内外发达地区和知名高校建立离岸孵化器、研发飞地。

3. 培育发展一批创新型标杆企业

大力推动创新主体培育，推进高企倍增计划，促进“强龙头、补链条”，不断做强产业。大力开展创新型企业培育，参照自治区政策探索开展高企贷款贴息工作，推动科技型中小企业升级为高新技术企业。延续现有高企“双升”的激励政策，鼓励企业积极“上规入统”，并将政策延续到“十四五”期间。

4. 加快产业园区创新升级

引导产业园区加强产业招商、科技招商，加强高层次创新人才与服务团队引入，加强产学研合作，搭建一批高水平的产业新型研发机构，建设一批高水平的科技企业孵化器和众创空间，逐步构建完善的产业创新发展体系，建设创新特色园区，加快产业园区升级发展，带动柳州市产业创新发展。

5. 积极推动科技成果转化

加强与国家和自治区科技成果网、技术转移网等平台对接，引导一批重大技术成果向柳州转移转化，支持企业与国内一流大学院所合作研发重大技术或购买一批对产业创新发展有较大推动作用的重大技术成果并在柳州转化；支持高层次人才团队带重大科技成果项目到柳州转化，重点推进两院院士、长江学者、国家杰出青年科学基金获得者、“千人计划”“万人计划”及重点领域创新团队的引育工作。

七、柳州高质量发展路径三：以融合发展为新抓手，推动产业协同，集聚发展潜能

当前，柳州产业链条短，产业内部产业链间、不同产业之间的协同效应弱、传统产业仍聚焦产业链中低端等问题制约了柳州经济高质量发展。未来亟须以产业链的延伸以及不同产业间融合发展为新抓手，推进产业协同，提升产业效率，推动产业链向中高端延伸。

（一）柳州产业融合的现状

1. 螺蛳粉产业已形成一二三产业融合发展的示范

柳州开创了以“螺蛳粉产业培植”推动“造血扶贫”新路径，挖掘大米、竹笋、螺蛳等种养殖优势，建立螺蛳粉原材料示范基地，带动快递物流、电子商务科技旅游等产业发展，构架了较为完整的产业生态体系，是柳州市一二三产业融合发展的典范，基本形成了集现代农业、餐饮服务、食品加工、电子商务、快递物流、文化旅游等于一体的产业链条。预包装柳州螺蛳粉从2015年销售收入的5亿元，发展到2019年的62.56亿元，5年内激增超过12.5倍，年均增长率达到86.12%。

2. 打造了一批工业和服务业融合发展的新业态

一是装备制造向制造业服务化转变。柳工集团“柳工智能管家云平

台”实现由单一装备制造商向综合服务商转变。上汽通用五菱通过打破传统研发和商业模式，打造了新能源汽车推广应用的“柳州模式”，建设了大数据中心，探索共享汽车、智慧政务车等出行服务新模式。二是制造业和金融业融合。柳钢集团出资成立柳州市瑞拓小额贷款有限公司，面向产业链上下游客户开展票据质押、应收账款质押、钢材质押、保证金质押等贷款业务。柳工机械股份有限公司成立了中恒国际租赁有限公司，为购买柳工机械设备的客户提供一站式的融资租赁解决方案。三是工业和文化旅游业融合新模式。近年来，依托柳州工业博物馆、广西柳工机械股份有限公司旅游景区、上汽通用五菱宝骏基地打造了一批工业文化旅游项目。

（二）柳州产业融合中存在的问题

1. 产业内部仍存在集聚性不强、本地配套率低

在集群效应最明显的汽车产业中，上汽通用五菱的本地化配套率大约为50%，其他产业的配套率更低。在核心技术方面，产业链还存在机加工、铸造、电机、电池等几大关键环节的缺失。据了解，受产业发展历史和基础影响，目前上汽通用五菱的机加工与铸造配套生产主要在江浙地区。同时，不同行业的数字化水平发展不均衡，过度依赖行政推动力。

2. 产业之间仍存在协同发展不够

汽车、钢铁、机械是柳州市三大传统产业和支柱产业，但目前三大产业之间协同效应弱。由于本地生产的柳钢、银海铝材料技术不达标、价格贵等原因，目前柳州汽车用钢主要从武钢、宝钢购买。同时，实践中习惯将制造业、服务业分立，在政策措施和管理体制上也有明显差异，例如现行用地政策、工业用地价格和商业服务业设施用地价格相对割裂，商服用地价格偏高。

（三）推动柳州市产业融合的对策

1. 提升装备制造业和服务业融合水平

聚焦机械、汽车、工业机器人产业、轨道交通产业，推动龙头企业向系统集成和整体解决方案提供商发展。以“互联网＋现代物流＋物联网＋信息＋金融”为切入点，构建汽车供应链体系。加快推动汽车产业向高端化、智能网联方向发展，鼓励汽车整车企业在汽车开发阶段加大信息技术的应用，开发自动驾驶、移动办公、移动娱乐等功能，使产品由单纯的交通工具向多功能的移动终端发展。支持汽车龙头企业研发智能网联产品，完善充电设施网络，探索换电、电池租赁、动力电池回收利用产业发展。大力推进柳东汽车城后市场产业园、银翔万里汽车工程机械后市场产业城、柳南汽车物流产业园等汽车后市场建设。建设工业设计全产业链创新基地，引导和鼓励柳州市三大主机厂的工业设计公司及项目入驻广西工业设计城，引导企业从生产主导型企业向设计主导型企业转变，让工业设计不断向制造业多环节渗透。

2. 推动消费品工业、资源型产业和服务业融合

以服装、家居等为重点，依托广西柳州现代服装产业园、粤桂智能家电产业园等，发展规模化、个性化定制；以智能家电为重点，发展“产品＋内容＋生态”全链式智能生态服务，壮大消费品工业规模，提升产品档次，增加产业效益。重点在螺蛳粉产业、茶叶加工、油茶加工、糖业、茧丝绸等优势资源型产业领域探索“资源＋产品＋市场”融合发展新路径，提升资源型工业发展水平，加速推进“两业”深度融合。

3. 深化制造业、服务业和互联网融合发展

加快推进大数据产业园建设，以北部生态新区、柳东新区为重点区域，发展工业大数据产业，推进工业互联网创新发展。重点发展智能电

网、工业机器人、3D 打印机、工业设计服务等智能制造支撑产业。积极培育发展无人驾驶、虚拟现实与增强现实等面向未来的产业。加快推动云计算、物联网、智能工业机器人等技术在汽车、钢铁、机械、食品产业的融合创新。以数字化、网络化、智能化为方向，推动全流程、全链条智能化，大力推进制造过程从单项或分散的制造技术信息化应用，逐步向计算机集成制造和“虚拟制造”等信息化制造的高级阶段发展。积极推广运用适用的信息化辅助设计系统和信息化辅助制造系统，改造现有的生产制造系统，努力推动企业实现装备智能化、设计数字化、生产自动化、管理现代化、营销服务网络化。

八、柳州高质量发展的重要政策保障

（一）加大对外开放合作力度

柳州工业高质量发展，需要旧动能的转型升级和新动能的培育发展，这些都离不开对外开放合作。目前，自治区提出了“南向、北联、东融、西合”全方位开放总体布局，柳州市应充分利用两个市场和两种资源，大力提升柳州工业经济发展的外向度。建议如下：一是拓展柳州优势产业合作的新空间。借助西部陆海新通道建设和中国—东盟自由贸易区升级版，深化与内地省份、东盟各国的产能合作，支持上汽通用五菱、柳工、欧维姆等龙头企业加强海外投资，建立境外产业基地、研发中心，提升“柳州制造”的国际地位，提请自治区层面借鉴云南、四川等省份的做法，依托上汽通用五菱、柳工等目前在国外有重大投资合作项目的龙头企业设立驻外商务代表处，并由自治区政府给予适当经费补贴，推动龙头企业带动产业链整体外向发展。二是加强工业招商引资。积极对接京津冀、长三角、粤港澳及国外优势资源，实施产业链招商、精准招商、以商招商行动计划，以强龙头、补链条、聚集群为方向，重点引进新能源汽车、高端装备制造等领域的“强链、补链、延链”项目，瞄准世界和国内500强企业、跨国公司、行业龙头企业，引进关联度大、技术含量高、上下游衔接好的综合性项目，推动产业向价值链高端攀升。三是加速国家物流枢纽承载城市建设，提升物流服务产业能力，推动建立和完善重点产业供应链体系，将柳州打造为西部陆海新通道重要节点。

（二）争取自治区、国家层面的支持

积极争取自治区、国家层面在资金投入、生产要素保障等方面的支持对柳州高质量发展非常重要。一是资金投入支持。力争获得更多自治区对园区基础设施建设、优势行业龙头企业给予的资金补贴。二是用地指标支持。对龙头企业及其重点配套企业新增项目用地，纳入自治区统筹推进重大项目，新增建设用地指标直接由自治区核销。柳州北部生态新区其他新建项目，根据建设的实际需要，优先保障项目用地。建议自治区层面针对柳州市项目建设需要单列新增用地计划，尽快补齐用地缺口，强化柳州建设现代制造城用地保障；建议柳州市园区及相关部门加强对土地使用情况的清理，加强与厂房闲置企业沟通，可适当使用先租后建、以租代购方式推进项目落地投产。三是用气、用电支持。支持柳州的重点工业园区建设天然气直供管道，对用气大户企业实行优惠气价；支持柳州市不在自治区级以上园区范围用电10千伏重点工业企业，按自治区级以上园区用电政策参与电力市场交易。四是铁路建设支持。争取自治区加大推进黔桂铁路增建二线、柳州至广州铁路项目的前期工作，解决交通物流“瓶颈”问题。五是市场推广支持。建议从自治区层面推动建立完善设区市沟通协商机

制，进一步打破区内地域区隔，简化行政审批程序，在全区范围内推广新能源汽车“柳州模式”，推动全区“一盘棋”发展。

（三）加强队伍建设，强化人才支撑

一是以柳州市人才新政实施为抓手，重点推动高端人才的引进和省部级以上的创新平台建设，对领军人才所作贡献实行奖励并免征个人所得税。持续推动高端人才团队集聚柳州，为柳州市新兴产业的发展凝聚创新资源。二是加大产业人才培养引进力度。培养一批一定行业或区域影响力的企业家，对为产业发展作出突出贡献的企业家给予奖励并免征个人所得税。三是围绕重点产业、新兴产业，建立产业发展人才需求大数据库，建立产业紧缺人才需求目录并定期发布。四是加大技能人才培养，弘扬工匠精神，壮大高技能产业人队伍。五是加快推动产教深度融合。以创建国家级产教融合试点城市为契机，推动企业与应用型本科高校探索建设产业学院，鼓励重点企业与职业学校共同组建一批职业教育集团。加快产学研用联盟建设，打造一批工程创新实践中心，支持企业建设实习实训基地。

参考文献

［1］李伟. 高质量发展有六大内涵［N］. 人民日报（海外版），2018－01－22.

［2］廖群. “高质量发展”内涵何在？［EB/OL］. 首席经济学家，2018.

［3］林兆木. 关于我国经济高质量发展的几点认识［N］. 人民日报，2018－01－17.

［4］苗圩．制造业推动经济高质量发展的关键［N］．人民网，2018－03－26.

［5］本报评论员．争当高质量发展排头兵［N］．广西日报，2018－09－05（006）.

［6］郭朝先．当前中国工业发展问题与未来高质量发展对策［J］．北京工业大学学报（社会科学版），2019，19（02）：50－59.

［7］许强初．夯实工业发展基础推动实现高质量发展［J］．当代广西，2019（01）：59.

［8］杨丛丛，彭新永．创新驱动：跑出广西工业高质量发展“加速度”［J］．中国经济报告，2018（11）：97－101.

［9］马立政，李正图．中国经济高质量发展路径演进研究［J］．学习与探索，2020（06）：100－107.

［10］李萍．厦门实体经济高质量发展路径研究［J］．厦门特区党校学报，2020（02）：7－12.

［11］向颖羿．“新基建”拓宽贵州高质量发展路径［J］．当代贵州，2020（15）：44－45.

［12］孟荣．长江经济带引领湖北高质量发展路径［J］．现代商业，2020（10）：108－109.

［13］杨镒泽，白振宇，郭卓婷．陕北地区经济高质量发展路径研究——基于能源禀赋的角度［J］．中外企业家，2020（04）：119.

［14］黄彦平．宁夏工业高质量发展路径探析［J］．现代经济信息，2019（24）：492－494.

第五篇　协商发言及相关提案[1]

① 相关提案及政治协商发言均获采纳。

协商发言1：找准发展“瓶颈” 实现重点突破 奋力推动我区工业高质量发展

习近平总书记指出，推动经济高质量发展，要把重点放在推动产业结构转型升级上，把实体经济做实做强做优。工业是实体经济的主体，是技术创新的主战场，是供给侧结构性改革的重要领域。推动我区工业高质量发展，要立足我区工业发展实际，找准发展“瓶颈”，聚焦突破口，探索广西特色的工业高质量发展模式。

一、高度认识推动我区工业高质量发展的重要意义

一是推动工业高质量发展是实现我区经济高质量发展的关键举措和重要突破口。工业是兴桂之器、强桂之基，是上联第一产业、下接第三产业的关键纽带。要实现经济高质量发展，突破口在工业，要坚持“抓住中间，带动两端”的思路，以工业高质量发展带动农业、服务业的高质量发展，从而实现经济的高质量发展。

二是推动工业高质量发展是破解当前我区工业经济面临严峻增长压力的必由之路。近年来，广西工业经济整体低位运行，2016~2018年，工业增加值增长率分别为7.4%、6.6%、4.3%，对经济增长的贡献率分别为47%、41.9%、25.4%，均呈现逐年下滑的局面。推动我区工业高质量发展就是要壮大旧动能，培育新动能，补齐产业发展短板，提升工业发展质

量，应对日益严峻的工业经济增长压力。

二、精准把脉我区工业高质量发展的瓶颈

（一）旧动能增长乏力，新动能培育不足

一是当前我区产业结构偏重偏粗放，传统资源型产业占比达到78%，经济进入高质量发展阶段后，增长压力持续加大；二是轻重工业发展失衡，轻重工业比不到3∶7，家用电器、智能手机等高附加值消费品轻工业几乎空白，工业经济韧性不足、抗周期的能力减弱；三是高新技术产业和战略性新兴产业占比偏低，2017年，全区规模上以上工业战略性新产业增加值占全区规模以上工业增加值的7.8%，与重庆、贵州等西部省份相比，分别低9.2%、0.3%，新旧动能转换接续乏力。

（二）创新平台团队较弱，研发投入意愿不强

一是高水平创新平台团队不足。当前，广西拥有的国家级创新平台团队凤毛麟角，高水平科研队伍也较极为匮乏，同时存在“引不来”“留不住”的问题。2017年，拥有技术研发机构的大中型企业仅为118家，占全区大中型工业企业数量（1465家）的8.05%，远低于江西、重庆等西部省份。二是企业主动研发意识薄弱，创新投入意愿不强。一些企业明确表示“如果没有政府支持，企业不愿意创新”。2016年，广西规模以上工业企业R&D强度仅为0.37%，在全国排倒数第三。

（三）产业发展协作不强，链条缺失集群散弱

一是产业内部存在集聚性不强、龙头企业带动不足，本地化配套率较

低的问题。在集群效应最明显的汽车产业中，上汽通用五菱的本地化配套率大约为50%，其他产业的配套率更低，产业链条亟须本地补齐。二是产业之间存在协同发展不够的问题，作为国内重要的铝产业基地，我区汽车用铝却要从外省采购，产业之间协同效应较弱。三是区域之间存在产业区内发展受阻的问题。由于区域间产业布局重叠率过高，同质化突出，区域间的协同互补较差。如上汽通用五菱的新能源汽车“在柳州好卖，出了柳州就不好卖了”。广西各城市之间的积极互动很少，各干各的，产业集群散小弱。

（四）多重优势待激发对外开放待破局

一是我区拥有不可替代的区位优势、丰富多样的资源优势、多重叠加的政策优势、山清水秀的生态优势等，为工业高质量发展提供了重要的平台基础、物质基础、政策基础和环境基础。但这些潜力尚待激活，并未有效转化为产业优势。二是“南向北联东融西合”的全方位开放蓝图已绘制，受制于我区工业生产要素成本高企、营商环境不优、区域竞争加剧等因素影响而推进较缓，对外产业合作亟须破题、提速。

三、推动广西工业高质量发展的突破口

（一）项目引领发展，推动新旧动能转换

传统产业升级、新兴产业培育以及消费品工业补齐需要更多优质项目的引领和支撑。一是以“建链补链延链强链”为主攻方向，强化产业链招商，做好“壮大旧动能，培育新动能，振兴消费品”三篇大文章；二是要

以自治区“双百、两新”重大项目落地为抓手，优化政务环境，着力解决用地、基础设施建设等问题，加快推进项目的实施。

（二）创新驱动发展，寻求关键技术突破

当前，我区产业大多处于低端低效，企业竞争力弱，不愿也无力创新，造成产业发展中低端技术和市场的锁定。一是要围绕汽车、机械、铝、冶金等传统优势产业和新一代信息技术、新能源汽车、民族医药等战略性新兴产业绘制关键核心技术路线图，实现共性关键技术突破；二是引进和培育一批国家级的创新平台和团队，主动对接国内知名工科院校和科研院所在我区设立研发平台或产业化转化机构，支持和引导企业、高校科研院所创建技术创新联盟，充分利用“八桂学者”和“特聘专家”等现有人才团队资源，打造一批技术过硬的高水平专业型人才队伍；三是以自治区“千企技改”工程的实施为引领，加大工业企业创新投入的政策支持力度，逐步建立以企业为主体、市场为导向、产学研结合的技术创新体系，激发企业创新的动力和活力。

（三）融合带动发展，发挥凝聚协同效应

要坚决打通产业之间的“肠梗阻”，打破各部门、各地区之间的“自留地”，充分发挥各主体的协同效应。一是以提升产业链水平促进产业集群合理布局为工作重点，借鉴长沙市设立产业“链长”的做法，由自治区、各市主要领导担任产业链“链长”，统筹协调各市产业链、产业链内部、产业链之间的协作；二是用好粤桂协作机制，扩大与东部沿海省市相关行业企业的招商沟通，加快补齐和强化产业链条；三是由各市工信部门牵头组织企业沙龙等加强企业间交流合作，促进本地化配套。

（四）开放促进发展，挖掘国际国内资源

开放程度不够是区位、资源等优势无法充分发挥的原因之一。可优先向东向南发展，下好东融、南向“两盘棋”，一是以东融先行示范区建设为重点，有序承接粤港澳大湾区产业转移，引导产业集聚发展，强化产业链和创新链融合发展，促进产业分工与协作，打造东融产业带；二是推动我区工业企业积极开拓东盟市场，可借鉴云南、四川两省份做法，按照“政府监管、依托企业、资源整合、发挥优势”原则，依托已进行“走出去”备案并在所在国（地区）开展重大投资合作项目的企业设立驻外商务代表处，以“点”带“面”推动全面对外开放。

（五）政策保障发展，夯实制度标准基础

一是政策引导，建立工业高质量发展的政策体系。要按照中央工作部署，结合国家各部委的高质量发展指南和我区实际，制定工业高质量发展指标体系、标准体系、统计体系、绩效评价和政绩考核办法，为工业高质量发展保驾护航。二是以点带面，设立工业高质量发展示范区。积极探索设立各重点产业的高质量发展示范区，充分发挥其引领示范作用，凝聚广西特色工业高质量发展的样板。

协商发言2：以工业东融推动柳州工业高质量发展

粤港澳大湾区是习近平总书记亲自谋划、部署、推动的重大国家战略，也是我国经济最发达的地区。主动融入粤港澳大湾区，对标全国一流和世界一流，已成为柳州开放合作的重要内容，紧抓粤港澳大湾区建设机遇，精准承接大湾区产业转移，充分融入对接大湾区市场，以东融战略的实施推动柳州工业高质量发展意义重大。

一、柳州工业东融的基础与挑战

（一）柳州工业东融的基础

近年来，作为全区工业发展的“脊梁”，柳州工业规模总量快速壮大，工业综合实力的稳步增强；以汽车、钢铁、机械为支柱，新能源汽车、节能环保、高端装备制造等产业并存的产业结构持续优化；2017 年成功获批广西首个全国质量强市示范市，工业发展质量不断提高；企业创新能力持续提升；绿色发展有新成效。这些都为柳州工业东融提供了坚实的基础。

自 2016 年以来，广西工业与粤港澳大湾区互动主要表现为：以代工模式承接电子信息①、纺织服装、造纸及木材加工②等粤港澳大湾区的产业入

① 2016 年至今，广西从粤港澳大湾区引进电子信息产业项目 69 项，总投资 874.5 亿元，累计完成投资 110.5 亿元，预计全部建成达产后年产值达 3172.5 亿元。目前，广西已成功引进惠科、三诺、华为、深科技、冠捷、瑞声、国光、卓能、嘉龙海杰、泰嘉等一批大湾区电子信息企业落户。

② 2016 年至今，广西从粤港澳大湾区引进轻工业项目 19 项，其中，造纸与木材加工项目 9 项、纺织服装与皮革项目 4 项。项目总投资 198.4 亿元，累计完成投资 14.7 亿元，预计全部建成达产后年产值达 391.2 亿元。但这些行业存在明显的委托代工模式，特别是中密度纤维板、高强度刨花板、纺织服装等主要供应沿海发达地区，即在我区完成初级加工后，利用大湾区品牌优势在全国乃至国际市场销售。

桂；我区的冶金①、有色金属②、建材③、电力④等资源加工型产品则供给大湾区市场。相较而言，柳州承接粤港澳大湾区产业转移项目较少，主要以工业产品输出为主。如柳钢每年销往大湾区的钢材约460万吨，占全区在大湾区销量的58%，包括建筑用钢、冷热轧板卷和不锈钢等产品。2018年，上汽通用五菱和东风柳汽在广东分别销售整车13.60万辆、1.75万辆，合计占全区汽车广东销量的100%；2018年，柳工集团的装载机、挖掘机广东销量约985台。

（二）柳州工业东融面临的挑战

一是与大湾区思想观念差距大，制约工业东融措施落实。长期以来，柳州民营经济发展滞后，商业文化、开放意识相对缺乏，干部队伍中仍然存在工作方法保守，对民营企业“清”有余而“亲”不足，对标大湾区高度市场化、国际化的营商环境要求仍有很大差距，一些开放政策难以落到实处。

二是周边区域竞争日益激烈，柳州政策和生产要素优势减弱。粤港澳大湾区上升为国家战略之后，大湾区周边省份及城市竞相出台优惠政策⑤，形成了抢企业、争项目、揽人才的竞争态势。资金、能源、土地、人才等是工业发展的基本要素，与粤港澳大湾区相比，柳州的工业发展要素仍存

① 每年约800万吨钢材（占全区钢材年产量的27%）销往粤港澳大湾区。

② 广东境内目前尚未发现可开采利用的铝土矿，依靠广西输入的电解铝和氧化铝等产品，在广东南海区聚集了大量的铝产品加工、铝型材生产的企业。

③ 每年广西约20%的水泥产量进入大湾区市场。

④ 广西电力资源丰富，近年来积极加强电力入粤，极大地缓解了广东电力供应紧张的局面。2019年4月，广西送广东交易电量达4亿千瓦时。

⑤ 湖南出台针对粤港澳大湾区中高级人才引进的22项支持政策；江西从工业用地基金奖励、企业投资财政奖励、总部经济纳税奖励、智能制造装备产业扶持基金奖励、高新技术企业税收减免奖励等方面出台专项支持政策；贵州对承接大湾区的企业进行搬迁补贴、物流补贴、设备购置补贴、厂房装修补贴，优惠幅度均明显大于广西。

在成本高、使用难等问题，成为了制约工业东融的突出“瓶颈”。

三是大湾区内部及向广西桂东地区产业转移增多，增大了柳州东融的压力。当前，大湾区向粤西、粤北等内部城市间产业转移步伐加快，广西梧州①、贺州②、贵港③、玉林等桂东地区充分发挥区位优势，持续强化顶层设计，工业东融步伐及成效比较明显，对柳州工业东融造成巨大的竞争压力。

二、加快柳州工业东融步伐的重要举措

一是工业东融，思想政策要接轨。在打造铁路公路内河航空基础设施互联互通的前提下，思想政策等软实力更要与大湾区接轨。要与佛山等大湾区地市结成兄弟城市，积极推动多层次干部队伍双向挂职锻炼。要开展面向大湾区的党政干部培训合作，积极谋划干部队伍深入粤港澳大湾区交流学习，提升干部队伍素质，提高干部制度创新与政策执行能力。要设置大湾区桂柳籍人才返乡创业项目，吸引大湾区桂柳籍优秀人才回柳创业、任职。要全面对标大湾区打造具有全球竞争力的营商环境的目标，持续深入实施优化营商环境大行动，全力构建亲清新型政商关系，主动服务新技术新业态新模式等一系列举措，营造助力企业发展的“大气候”。

二是工业东融，产业对接要精准。要立足汽车、钢铁、机械等传统优

---

① 梧州，建立了西江经济带城市共同体及市长联席会议机制和城市间市长联席会议机制。

② 贺州设立了东融工作领导小组办公室，统筹推进贺州创建广西东融先行示范区，成立贺州市人民政府驻广州办事处和驻粤港澳大湾区经贸联络处。

③ 贵港，成立贵港市接受粤港澳大湾区辐射领导小组和专项工作小组，研究制定《贵港市接受粤港澳大湾区辐射专项小组工作规则》等文件，统筹协调全市接受粤港澳大湾区辐射相关重点领域专项工作。

势产业，加强与大湾区的产业融合、互补、联动式发展。要借助大湾区创新资源，实施传统产业提质增效工程，可考虑引入佛山大健康产业创新资源，提升我市制造业的智能化水平，积极推动汽车配件、机械制造等产业向康复辅助器具等大健康产业转型发展。要联合贺州等地，积极推动特色农业和旅游生态资源的整合，加快打造成为大湾区的“菜篮子”和“后花园”。

三是工业东融，要素保障要到位。要坚持问题导向，聚焦制约工业提质增效的“瓶颈”，聚焦企业反映强烈的突出问题，推进实行与大湾区相同的税率、养老保险费率以及用电、用气价格，对来自大湾区的企业出台搬迁补贴、物流补贴、设备购置补贴、厂房装修补贴、智能制造装备产业扶持基金奖励、高新技术企业税收减免奖励等专项支持政策，精准施策、多措并举，创造有利于工业东融发展的环境和条件。

四是工业东融，组织措施要得力。要把全面对接粤港澳大湾区作为重大的机遇和最紧迫的任务，建立党政“一把手”负总责的机制。可借鉴贺州、贵港等市做法，成立东融工作领导小组办公室，研究制定工业东融相关政策，统筹推进柳州工业东融重点工作，在广州、佛山等地设立办事处，加强与大湾区的联络。根据《柳州全面对接粤港澳大湾区主动引领珠江—西江经济带建设三年行动计划（2019—2021 年）》（以下简称《三年行动计划》）的责任分工，对《三年行动计划》中的重大项目、重要任务、重大政策落实制订落实方案，细化具体任务，落实责任主体，明确时间节点；各责任单位要主动配合牵头单位，全力推进相关工作，形成强大工作合力。

协商发言3：关于促进广西新能源汽车产业发展的建议

发展新能源汽车是我国从汽车大国迈向汽车强国的必由之路，也是广西汽车工业高质量发展的必由之路。近年来，广西相继出台了一系列政策措施，有力推动广西新能源汽车产业获得较快发展。目前，广西共有8家企业获得新能源汽车整车生产、专用车生产资质。2018年，广西新能源汽车产量为3.54万辆，在全国占比约2.81%，生产能力初现规模，形成一定产业基础。然而，广西新能源汽车产业存在政策变动影响大、基础设施建设慢、技术创新能力弱、科技人才缺口大等问题。具体有：

（一）补贴退坡和“双积分”政策带来严峻挑战，推广政策难以落实

一是补贴退坡加重企业负担，广西以生产中低端车型的新能源企业成本压力增大。二是“双积分”政策带来不确定性。国家对传统能源汽车和新能源汽车实行的“双积分”管理，将淘汰一批实力较弱的车企，给广西新能源汽车企业带来新的挑战。三是市场碎片化的影响。广西市场容量有限，各市之间又缺乏推广互动，柳州市以外的其他各市新能源汽车推广政策落实较慢，新能源汽车市场友好度不够，加剧了广西新能源汽车企业的发展困境。

（二）广西新能源汽车技术创新能力薄弱，创新人才匮乏

一是广西新能源汽车企业技术创新投入不高，创新平台和创新联盟力量薄弱、产品单一。与发达省份新能源汽车或配件的生产企业相比（比亚

迪 6. 56%、欣旺达 5. 21%、欣锐科技 9. 26%），广西龙头车企研发投入水平不高（上汽通用五菱集团 1. 79%），“三电”系统等核心零部件研发方面较弱。二是新能源汽车整车、零部件企业的核心研发人员处于紧缺状态。如东风柳汽新能源商用车、乘用车研发人才队伍仅 70 多人，与广汽新能源汽车所依托的研究院拥有 5000 多人的研发团队相比，差距巨大。

（三）新能源汽车基础设施建设滞后，使用环境欠优

一是现有充电桩和专用停车泊位总量较少，大都集中在南宁和柳州两市。广西目前已建成充电桩约 3500 个，充电插座约 10000 个，充电桩总量大致排全国 22 位，远不能满足需求。二是充电基础设施建设存在推进难度大等问题。由于涉及城市规划、建设用地、配电网改造、安装条件、投资运营模式等众多因素，利益主体多，充电基础设施的建设改造阻力重重。针对以上问题，建议如下：

一、挖掘市场潜力，拓展增长空间

一是鼓励商业模式创新，舒缓成本上涨压力。动力电池更换成本高昂是消费者的一大痛点。在私人应用领域，可鼓励市场主体尝试车电分离、换电和租赁等经营模式；在公共服务领域，鼓励公交车、出租车、公务用车等实施融资租赁运营模式；鼓励社会资本进入整车租赁、分时租赁、电池租赁、电池回收利用等服务领域；鼓励金融机构开发新能源汽车金融产品。二是大力整合拓宽市场，争取产业成长空间。加大督查力度，推动在公交、出租等公共服务领域加快实施新能源汽车更新计划，推动各设区市加大推广应用新能源汽车的力度。由自治区统筹协调，探索市场互换、税收分成等方式，加快构建有效统一的区内新能源汽车市场。三是加强资金政策支持，提高产业竞争能力。大力整合优化新能源汽车产业发展资金，以技术创新平台补助、研发后补贴、科技重大专项等形式推动关键核心技术的研发。出台新能源汽车项目投产奖励政策，引导新能源汽车项目加快落地。

二、攻克技术难题，加强人才保障，增强广西新能源汽车核心竞争力

一是对接外部资源，共建创新平台。吸引国内外知名科研机构在广西单独建立分支机构或者与广西本土企业、高校科研院所共建研究中心、创新中心；依托龙头车企，对接外部创新资源，重点打造动力电池、电机、电控等核心领域研发平台；以新能源汽车龙头车企为依托，协同上下游企业、高校和科研院所资源，围绕整车系统集成与零部件等技术攻关，组建本土特色的新能源汽车技术创新联盟。二是瞄定自身禀赋，力求技术突破。开展纯电动汽车整车重大技术攻关，围绕“轻量化、智能化、网联化、电动化”四大方向，设立广西新能源汽车创新发展的一些关键、重大、前沿技术专项，由自治区级新能源汽车龙头车企主持；充分依托广西有色金属资源的优势，在锰酸锂、三元锂、固态锂等动力电池、储能电池的研发方面实现突破；大力探索储能电池研发与应用，积极关注燃料电池汽车发展动态，积极引进和培育一批企业开展燃料电池关键技术攻关。三是注重政策规划引导，确保主攻方向。在新能源汽车产业发展引导方面，由自治区科技厅设计广西新能源汽车共性关键技术路线图，支持企业联合区内外科研机构申报；由自治区工业和信息化厅制定广西新能源汽车产业

链及产业集群发展方案，做好产业发展布局；同时，支持新能源汽车与互联网、电子信息等产业融合发展，支持现有传统燃油车企业向新能源汽车转型。在推动搭建新能源汽车技术创新平台方面，由自治区科技厅组织龙头企业组建特色化新能源汽车创新平台，会同自治区发展改革委、工业和信息化厅组织成立自治区级新能源汽车技术创新联盟。四是加强人才保障，建设广西新能源汽车产业人才队伍。鼓励广西大学、广西科技大学等高校整合设立新能源汽车专业，支持车企工程技术人员参与人才培养，推动动力电池等领域青年科学家人才的培养；大力引进区外新能源汽车产业领军人才，不断优化人才引进和培养环境，鼓励广西新能源汽车企业、高校、科研院所对接发达地区的高端研发技术人才，实现研发人才资源的共享。

三、提升落实速度，优化使用环境

一是大力推进落实《电动汽车充电基础设施建设三年行动计划（2019—2021 年）》。简化建设审批程序，加快推动机关事业单位、居民社区、园区、旅游景区、高速服务区、公共服务场所等充电设施建设。二是坚决破除充电基础设施建设的各类障碍。建立部门协作工作机制——联席会议制度，形成由自治区发改委牵头，工信厅、财政厅、国土资源厅、住建厅、交通运输厅、广西电网公司、广西交通投资集团等有关部门和单位紧密配合的协同推进机制。三是积极打造新能源汽车便利使用环境。在专用停车泊位规划建设、停车费优惠、简化建设报建手续等方面，严格督查各市落实《关于加快新能源汽车推广应用的实施意见》。

协商发言4：关于确定推动广西经济高质量发展突破口的建议

习近平总书记在中共十九届五中全会上指出，“十四五”时期我国经济社会发展仍然要以推动高质量发展为主题，要把发展质量问题摆在更为突出的位置，着力提升发展质量和效益。广西作为后发展欠发达地区，需要集中有限的资源，有选择地在某些部门、重点领域或地区优先配置资源，实现重点突破，进而带动整体经济的高质量发展。

当前，广西经济还存在着产业基础薄弱，实体经济总量偏小，特别是工业还面临着龙头企业带动不强，产业链短，集群发展不突出的问题；还存在着企业研发投入少，科技创新能力不足的问题；还存在着对外开放步伐不够大，市场活力不足的问题。针对这些问题，我们提出广西经济高质量发展的三个突破口：

一是针对我区产业总量质量不佳，以数字经济为突破口，赋能传统产业，打造广西经济高质量发展新“引擎”。制订出台数字产业建设发展的总体规划、行动方案和建设标准，建立完善区市之间、部门之间、各市县之间的指挥协调机制，合力统筹推进5G新型基础设施和大数据中心建设。充分利用交通设施、市政设施、办公楼宇等社会公共资源建设一批5G设施，稳步推进5G网络向各重点区域连续覆盖。加快工业互联网、大数据等新一代信息技术在制糖、冶金、石化、汽车、机械、木材加工等行业研发设计、生产控制、节能减排等环节的深度集成应用，推动制造设备、生产线和工厂的数字化、自动化、智能化改造。

二是针对我区创新驱动能力不强，以重构“创新链”为突破口，支持传统产业转型升级，培育广西经济高质量发展新动能。建议由自治区科技、人才、发改、工信等部门联合成立相关管理机构，出台关于“科创飞地”建设的具体的专项政策措施和相关制度，统一推进“科创基地”建设工作。支持入驻“飞地”的企业、研发团队与广西本地企业共同建立“飞地孵化——广西产业化”的研产通道，在广西共建集中、育成、转化、生产等功能于一体的新型研发机构。组建科技联络人员、技术转移服务人员“两支队伍”，梳理科创平台服务需求清单和企业技术需要清单“两张清单”，开展线上线下“两个对接”。

三是针对我区开放带动效能不明显，以升级“湾企入桂”和完善新通道交通网为突破口，更好地融入国内国际大循环，激发广西经济高质量发展新活力。创新区域对接机制，进一步研究和优化现有政策，尽快出台支持“湾企入桂”的专项支持政策。加强与龙头企业、商会协会、专业招商机构、咨询服务公司等市场化组织的合作，形成政府引导推动、市场主体广泛参与、多方共赢的高效招商工作新机制。鼓励园区实行去行政化管理，支持园区通过购买服务引入专业第三方，承接招商引资工作，全程跟踪项目建设，提供代办各类行政审批手续等专业化服务。加快铁路、公路、港口、口岸等的建设，积极推动交通网的不断完善。

提案1：关于进一步推动我国新能源汽车产业发展的建议

发展新能源汽车是我国从汽车大国迈向汽车强国的必由之路。然而受补贴退坡影响，新能源汽车产销量出现持续下滑。根据中国汽车工业协会发布的数据，2019 年 11 月，新能源汽车产量同比增长 -36.9%，销量同

比增长 -45.2%，亟须对新能源汽车产业发展予以大力支持。目前，新能源汽车产业发展尚面临如下困难：

一是市场发展不平衡。从全国来看，新能源汽车市场接受度与传统汽车相比较窄。此外，受不限行、免费牌照等优惠政策影响，新能源汽车市场主要集中于北京、上海、深圳、广州、杭州、合肥等几个一二线大城市，大部分二三线城市的市场仍未被有效撬动。

二是动力电池性比价还不够高。在 2018 年全球动力电池销量前十名中，我国企业占据六席，其中，宁德时代市占率位列全球第一。然而根据瑞银分析，宁德时代 21700 圆柱形锂离子电池成本远高于松下（111 美元/千瓦时）和 LG 化学（148 美元/千瓦时），难以在国际竞争中占据优势。此外，电池成本的下降速度相比售价而言，要落后约两年时间。目前，乘用车搭载的主流三元 NCM523 电池报价在 1 元/瓦时上下，根据行业相关分析估算，电池售价或为 2020 年 0.9 元/瓦时、2021 年 0.82 元/瓦时、2022 年 0.76 元/瓦时、2023 年 0.71 元/瓦时，这意味着电动车的性价比或将到 2023 年，才能与燃油车形成抗衡。

三是充电基础设施建设推进缓慢。截至 2019 年 6 月，全国充电基础设施累计数量为 100.2 万台，仅完成目标的 20.8%，远远无法满足市场需求。此外，充电基础设施空间分布不合理，公共充电设施数量最多的区域集中在北京、上海、江苏和广东，周边区域的充电设施数量相对少；由于早期缺少科学规划，大量企业采取“跑马圈地”的模式盲目建桩，导致部分省市的充电设施主要分布在郊县等偏远地段，中心城区的数量相对少，“有车无桩”和“有桩无车”的现象同时存在，导致“充电难”。

四是新能源汽车与智能网联化融合度不高。当前 5G 网络覆盖、城市智能化基础设施建设、网联化环境的搭建等工作处于起步阶段，新能源汽车自动驾驶技术以及移动互联技术的商业化有待开发，新能源汽车与智能网联化融合的软硬件条件仍有待大幅提升。

为此，建议如下：

第一，大力推广新能源汽车“柳州模式”敲开二三线城市市场。柳州作为一个不限购、不限行的三线城市，其新能源汽车保有量已经超5万辆，日常通勤的新能源车出行率超20%以上。新能源汽车推广的“柳州模式”得到全国政协副主席万钢同志、国务院原副总理马凯同志的肯定，值得在更大区域和范围内推广。政企合作是“柳州模式”的核心内涵，应大力提升政企合作的深度和广度，提升政府在充电基础设施建设、专用停车位施划、开放路权等新能源汽车使用环境方面的服务水平，引导新能源汽车企业聚焦用户需求和体验不断改进产品，更好地激发二三线城市的市场需求。

第二，加大研发和商业模式创新降低动力电池成本。支持国家新能源汽车动力电池研发平台联合动力电池生产企业，加大研发新型锂电池和固态电池。支持动力电池企业通过升级技术手段、改进商业模式，降低动力电池生产成本：控股锂、钴、镍等矿产企业，降低材料体系的供应成本；投资不同的技术路线，比如投资NCM811电池路线以减弱对钴的依赖；改进工艺及装备、提升电池良品率、精简电池设计；与整车企业签订大规模订单，发挥规模效应。

第三，加快新能源汽车基础设施建设。加大充电基础设施建设补贴，帮助企业平稳度过“后补贴时代”。灵活挖掘城市停车空间，建立分时共享机制，盘活现有存量土地，整合城市各类停车资源，以停车场为充电基础设施建设的重要依托，推动停车充电一体化发展。简化建设审批环节，降低制度性成本，进一步健全和完善利益共享、成果共享机制，增强参与充电基础设施建设的相关企业的信心，在与政府的合作中加大投资。推动充电基础设施企业尝试桩体广告、大数据服务、增值服务等多元化盈利渠道，探索可持续的商业模式。

第四，加快推动新能源汽车与智能网联化融合发展。中央需超前部署、统一规划，在5G通信网络的铺设、V2X交通设施的建设、数据传输与存储平台的搭建上加大投入。加快全国性试点区域的审批步伐，鼓励和支持有条件的地区和城市加快发展。引导和支持新能源汽车企业从“单一满足出行制造商”向“出行方案解决商”转换，围绕电驱动、自动驾驶、智能网联等进行深度合作，推进联盟化发展。

提案2：关于加快推进广西汽车产业开拓东盟市场的建议

汽车产业是我区第三大支柱产业。受当前国内市场增长乏力影响，广西汽车产业面临巨大增长压力。然而，在人口超6亿的东盟，2018年汽车保有量达4000余万辆，泰国、印度尼西亚、马来西亚、菲律宾和越南五大汽车生产国，成为亚洲第三大汽车市场。随着东盟大部分国家人均GDP迈入3000美元大关，东盟地区汽车保有量将成倍增长。广西应主动出击，抢抓市场机遇，积极推进我区汽车产业“南下”，推动中国—东盟自由贸易区建设向纵深发展。

目前，广西汽车产业对东盟市场的开拓仍处于初级阶段，面临以下困难：

一是品牌知名度低，市场认同度不高。日系汽车早在20世纪60年代即进入东盟市场并占据80%以上的份额。与之相比，广西自主汽车品牌发起晚，上汽通用五菱直到2017年才正式开启东盟市场的本地化生产，品牌知名度较低，在东盟市场消费者心目中的信任度不高。

二是存在技术、市场、法律环境等方面的障碍。当前，东盟国家的法律和贸易制度、技术标准均已形成准入壁垒。同时，东盟各国汽车行业的市场准入制度、消费者偏好、驾驶习惯、道路条件也存在较大差异，增大了广西汽车进入东盟市场的难度。

三是广西汽车产业国际化人才匮乏。长期以来，广西汽车高度依赖国内市场，“一条腿走路”问题突出，对东盟国家汽车市场的了解不深。国际化人才储备不足，东盟本土化管理有待提升。

为加快推动我区汽车产业走入东盟市场，建议如下：

第一，整合资源，积极推动我区汽车产业“组团南下”。借鉴日本汽车产业先出口后投资、保持投资与出口协同并进的东盟市场开拓经验，推动与东道国的全方位合作，努力攻克市场壁垒。一方面，加大纵向抱团发展深度，实施广西汽车产业链输出计划。提高零部件企业开拓海外整车企业配套市场的准入费用补贴，提供国内外联动的金融产品支持和更高效的外汇服务，支持上汽通用五菱、东风柳汽等龙头企业在东盟市场直接投资，促进零部件企业走入东盟市场。大力推进我区汽车产业从贸易式出口、海外组装并逐步过渡到海外生产，最终实现汽车产业出口东盟和落地生产的协同发展。另一方面，加大横向抱团发展宽度，绕开东道国准入壁垒。充分利用泰国国际汽车零部件展览会等交流平台，深化与东盟各国政府、行业协会间的汽车产业交流，推动我区汽车企业与东道国厂商在资本、技术、产品开发、整车和零部件供应等方面展开合作，加快形成完整的协作闭合链条，提升广西汽车产业抗风险能力和整体竞争力。

第二，加大研发，快速融入东盟技术市场法律环境。通过加大海外市场开拓新车型研发补贴，大力支持上汽通用五菱等龙头企业依托现有车型经济耐用的优势，围绕泰国、印度尼西亚、菲律宾、越南等汽车产业重要市场，开发适合其路况、消费偏好的车型，加快与东盟各国技术市场的对接。大力支持我区汽车行业协会的发展，加强与东盟各国行业协会间的交流，加大对东盟各国汽车产业技术标准、产业准入、劳工管理等进口及本土化管理方面法律的研究和培训，增强对接东盟各国法律环境的能力。充分抓住东盟各国新能源汽车产业薄弱及其支持新能源汽车产业发展的大好契机，借助双方组织的汽车产业交流平台，大力宣传广西新能源汽车品牌和推广经验，积极推动上汽通用五菱、东风柳汽等新能源汽车车型布局东盟市场。

第三，引育并举，打造开拓东盟国际化人才队伍。充分利用已出台的人才引进政策和所处的地缘优势，大力支持龙头车企引进海内外汽车产业国际化管理人才。借助中国—东盟（柳州）汽车工业博览会等平台，依托龙头车企，加大与东盟国家汽车厂商在技术管理人才队伍建设的培训合作。支持广西科技大学、柳州职业技术学院等院校在东盟各国招收传统汽车和新能源汽车制造技术、营销等专业的留学生，联合上汽通用五菱等龙头车企实施产教融合协同育人工程，大力培育和储备东盟本土化管理人才，积极加快打造面向东盟市场的广西汽车产业人才队伍。